99 GESCHICHTEN DER STADT KLAIPĖDA

UDK 947.45
Va286

Rezensenten: Dr. Silvija Pocytė, Vasilijus Safronovas

© Vygantas Vareikis
© Verlagsgruppe „Druka"

ISBN 978-609-404-018-4

VYGANTAS VAREIKIS

99 GESCHICHTEN DER STADT KLAIPĖDA

Verlagsgruppe DRUKA
Klaipėda
2009

AUS DEM BLICKWINKEL
DES HISTORIKERS

Ohne Klaipėda wäre Litauen ein Körper ohne Kopf, meinte der US-Historiker Alfred Eric Senn. Traditionsgemäss wird Litauen als Land der mitteleuropäischen Region betrachtet, das einer Ländergruppe von der Ostsee bis zum Balkan hin gehört und einerseits von Westeuropa, andererseits von Russland beeinflusst wird. Die litauische Hauptstadt Vilnius komponiert sich in die Reihen der multinationalen, tiefe Traditionen der geistigen Kultur aufweisenden Städte Mitteleuropas wie Prag oder Krakau hinein. Aufgrund der jahrhundertelangen deutschen Vorherrschaft präsentiert sich Klaipėda mehr als Teil Nordeuropas und der Ostseeregion. Ähnlich wie Riga, Tallinn oder Gdansk. Natürlich lassen sich die Grösse, Einflussstärke und das Potenzial der einzelnen Städte schwer vergleichen, doch eine historische und kulturelle Ähnlichkeit bleibt. Riga und Tallinn waren immer politische, wirtschaftliche und kulturelle Zentren der baltischen Nachbarn, dagegen verfügte Litauen über keine derartigen Städte am Meer. In der Zwischenkriegszeit verlor Litauen Vilnius – die historische Hauptstadt. Zur vorübergehenden Hauptstadt und zum kulturellen Mittelpunkt des Litauertums wurde Kaunas, wobei Klaipėda, Gdansks *alter ego*, nach 1923 die Funktion der wirtschaftlich bedeutendsten Stadt annahm.

Josif Brodskij zufolge wird das Gedächtnis mit der Kunst durch die Fähigkeit der Auslese, durch den Sinn fürs Detail verbunden. Das Gedächtnis bewahrt Bruchstücke, nicht das ganze Bild, verdeutlicht Momente, nicht das gesamte Spektakel. Es gleicht einer Bibliothek ohne alphabetischen Katalog und ohne jemandens Gesamtwerke.

Die Identitäten der historischen Vergangenheit schwinden mit der Zeit. Die Perspektive der Jahre zerschleift die Gegenstände bis an die Grenze des völligen Verschwindens, und die Wöter bringen sie nicht mehr zurück. Im Nichtsein verschwammen die Gasbeleuchtung, das alte Feuerwehrhaus mit der Uhr, der Turm der Johanniskirche, das Borussia-Denkmal, Filmvorführungen im Kino „Kammer-Lichtspiele" das Restaurant „Regatte", die Oktober-Demonstrationen am Lenin-Denkmal, die Freude der Neusiedler in der Komsomolstrasse, der mit Kränen herumstochernde und nach Heringen riechende Fischereihafen, Selterswasser für drei Kopeken, Arbeitsgemeinschaften bei Trümmerbeseitigung an der Dangė...

Die Geschichte und Kultur Klaipėdas, des Memellandes und Klein-Litauens ist einzigartig. Im historischen und kulturellen Gedächhtnis müssen Episoden und Bilder der Stadt und des Landes Memel/Klaipėda bewahrt und so durch ihre mehrdeutige Symbole ihre Eigentümlichkeiten zurückverfolgt werden. Mit kurzen Erzählungen versuchte ich, das Kolorit des städtischen Lebens wiederzugeben. Und die Bemühungen, die Geschichte mit ihrem vollen Glanz wiederzubeleben sind vom Anbeginn zum Misserfolg verdammt.

Die Verfassung der Texte wurde in Klaipėda begonnen und in Bradford, West Yorkshire, fortgeführt, in einer Stadt, die interessanterweise im Zusammenhang mit Klaipėda steht. 1840 begann der aus Yorkshire stammende Kaufmann John Mason mit der Gründung der Industriebetriebe in unserer Stadt. Im 19. Jahrhundert gingen

Textilerzeugnisse aus den Fabriken Bradfords über den Memeler Hafen nach Russland. Schliesslich war auch der in den Blickpunkt geratene Auftritt des Klaipedaer Fussball-Clubs „Atlantas" ein Match im Bradford Stadion.

Die Geschichten über Klaipėda enthalten einen bewusst subjektiven Text. Der Leser findet hier keine konsequente historische Erzählung. Mit diesem Buch wird versucht, Bruchstücke des geistigen, kulturellen, wirtschaftlichen Lebens und Alltagsmomente wiederzuspiegeln, und nicht ein gesamtes historisches Bild zu rekonstruieren.

Bei den vorliegenden Geschichte handelt es sich um kurze Aufzeichnungen und Alltagsepisoden, die mit Erinnerungen der Zeitgenossen, Postkarten, alten und neueren Photographien illustriert sind. 99 Geschichten, deren Aufmachung von Rolandas Bražinskas vorgeschlagen wurde, (der Name leitet sich von der 99 Mhz-Frequenz her, auf der meine Sendungen über Klaipėda vom Radiosender „Vox Maris" ausgestrahlt wurden) beinhalten meine persönlichen Beobachtungen, die sich ebenfalls auf die von Historikern bestätigten Fakten stützen. Im Mittelpunkt stehen nicht die älteren Zeiten, sondern die Ereignisse des unruhigen 20. Jahrhunderts, dessen Echo uns immer wieder erreicht.

In der Bible finden wir die Metapher vom verirrten Schäflein. Jesus sagte, dass der Hirte seine neunundneunzig Schafe zurücklassen und sich auf die Suche nach dem einzigen verlorenen Schäflein begeben würde. Über dessen Rückkehr würde er mehr jubeln als über alle neunundneunzig, die nicht verloren waren. Der Leser kann auch selbst versuchen, die 100. Geschichten aus dem Leben Klaipėdas zu machen. In einer anderen Stadt am Meer – Brügge, im Gruuthuse-Museum sah ich die heraldische Inschrift *„Plus est en vous". Mehr ist in dir.*

Der Autor

INHALTSVERZEICHNIS

Wie alles begann	10
Am Anfang war der Name...	12
Die Hanse	14
„Das Goldene Zeitalter"	16
Wo der Stadtgalgen stand	18
Der älteste Beruf	20
Die Hauptstadt	22
Die schöne Königin in Memel	24
Der grosse Brand	26
Der Sprung	28
Das Maschinenzeitalter	30
Der grosse Krieg und Klaipėda	32
Offen für alle	34
Russen in Klaipėda	36
Juden in Klaipėda	38
„Die gute Schwedenzeit..."	40
Wiener	42
Spuren der Franzosen	44
Otto Glagau und Klein-Litauer	46
Klaipėda und Gdansk	48
Zwischen Haff und Sand	50
Die Strasse	52
Was hat Esquire John Carr gesehen?	54
Memel aus dem Blickwinkel Rosenwalls	56
Der Schmuggel	58
Die Einwohner	60
Das Feuerwehrhaus	62
Der Historiker	64
Besonderheiten der Freizeit in Klaipėda	66
Melnragė	68
Deutsche Ordnung	70
Smiltynė	72
Der Wilhelm-Kanal	74
Navigare Nocesse Est	76
Lindenau	78
Die Eisenbahn	80
Die Flieger	82
Krüge und Gaststätten	84
Der mutigste Schritt Litauens	86
Der Marsch nach Klaipėda: Augenzeugenbericht	88
Der Obelisk	90

Mit Ieva Simonaitytės Augen gesehen	92
Ieva Simonaitytė und der Aufstand von Klaipėda	94
Schweine und Politik	96
Klaipėda und die Entdeckung Trojas	98
Kämpfe auf hoher See	100
„Präsident Smetona"	102
Ernestas Galvanauskas	104
Vytautas der Grosse in Klaipėda	106
Die nicht stattgefundene „Flottenparade"	108
Willy Bertuleit	110
Am Vorabend der Kapitulation	112
Der kurze Besuch	114
Unter der Reichsregierung	116
Die Flucht	118
Der Kriegsnachlass	120
Kriegsgeschichten	122
Die Eroberung Memel	124
Die Russifizierung	126
Beria	128
In Ruinenlabyrinthen	130
Nachkriegskinder	132
Modestas Paulauskas	134
Stalins Wirtschaft	136
Die Seefahrtsschule	138
Restauratoren	140
„Brasilien"	142
„Albatross"	144
Klaipėdas Strassen	146
Lenin in Klaipėda	148
In der Gefangeschaft des ständigen Warenmangels	150
Die Wohnungsfrage	152
Jeans	154
Schiffsfriedhof	156
Heringe	158
Opium für das Volk	160
Die Rückkehr von Maria der Friedenskönigin	162
Naturgewalt	164
Rettungskräfte	166
Der Mann aus dem „Roten Oktober"	168
Sprung über den „Eisernen Vorhang"	170

Gefährliche Versuche	172
Bernstein am Stallschlüssel: Tiedecks Karkelbeck	174
Was hat ein DDR-Journalist Klaipėda erlebt?	176
Geldreformen	178
Die Brauerei	180
Schiffe haben ihre Schicksale	182
Der Kampf gegen Denkmäler	184
Das Meeresfest	186
Der Fussball	188
Žalys-Ära: Festigung des Litauertums	190
Die Unabhängigkeitsbewegung	192
Alma Mater	194
Tomas Venclova	196
Die Bibliothek	198
Kong's Jazz	200
Das Theater	202
Warum keine Hauptstadt?	204
Mare Balticum – Mare Nostrum	206

Der Stadtsymbol

WIE ALLES BEGANN

Im 13. Jahrhundert begannen die deutschen Orden mit der Kolonisierung des Ostseeraumes. Der Livländische Orden gründete die Städte Memel, Riga, Windau (Ventspils). In den eroberten Ländern von der Weichsel bis nach Memel errichtete der Deutsche Orden dicke Mauerfestungen und Fortifikationsbauten und begann die Heidentaufe mit „Eisen und Feuer", weil nur noch Christen, die Gotteskinder, damals als Menschen galten.

Die in baltischen Ländern angesiedelten Mönchsstaaten waren militärisch. Die Mönchsritter beherrschten das Kriegsgewerbe. Lesen zu können brauchten sie nicht. An der Wand der Marienburg richtete ein Steinteufelchen mit zusammengepressten Bein seinen Finger auf das rechte Seitenschiff, wo sich die Toilette befand.

Die eroberten und zu Lehen gewordenen Heidenländer gehörten der Heiligen Römischen Kirche an. Später wurden von Deutschen Strassen gebaut, in Klein-Litauen entstanden Mauergebäude, mit Bäumen bepflanzte gepflasterte Strassen, gotische Kirchen. Dieser Nachlass hat einen tödlichen Schlag durch den Zweiten Weltkrieg erlitten. Auch wenn litauischen und prussischen Stämmen die Besetzung massiver deutscher Burgen zuweilen gelang, waren sie zu deren Verwaltung nicht fähig. Die Heiden haben in Kämpfen gesiegt, konnten aber den Frieden nicht herstellen. Die Schlacht von Tannenberg war gewonnen, doch die Marienburg wurde nicht eingenommen.

Die von Deutschen gegründeten Städte mussten Verteidigungsfunktionen ausüben. Memel entwickelte sich ebenfalls nach dem römischen Vorbild der Stadt als Kriegslager. In der Stadt war die Errichtung von Mauerbauten verboten, damit die Häuser während des eventuellen Überfalls verbrannt und die Bewohner in die Burg umgesiedelt werden können. An dieser Stelle erinnert man sich an Kaunas im 19. Jahrhundert, wenn die russische Zarenregierung den Bau von mehr als zweistöckigen Häusern verbot, damit sie der Festungsartillerie bei der Verteidigung gegen feindlichen Überfall nicht hindern. Die mit grossem Aufwand geschaffenen Verteidigungskapazitäten der Forten von Kaunas wurden jedoch nie genutzt.

Die Memelburg hingegen wurde vielmals angegriffen und eingeäschert, wiederaufgebaut und wieder verbrannt. Memel stand an der Kreuzung von wichtigen Handelsstrassen und schützte die einzige sichere und bequeme Verkehrsverbindung zwischen den Deutschen und Livländischen Ordensstaaten. Es war eine militärische Stadt. Mit dem Mellnaer Vertrag von 1422 wurde Memel dem Deutschen Orden überlassen und seitdem boten sich Möglichkeiten für eine friedlichere Stadtentwicklung.

Memel, Caloypede, Klawppeda

AM ANFANG WAR DER NAME...

Am Anfang war der Name: *Memel, Caloypede, Klawppeda...*
Als Gründungsvater der Stadt gilt der Statthalter des Deutschen Ordens Eberhard von Seyne, der 1252 an der Mündung der Dange die Memelburg errichtete. Die Stadtgeschichte begann am 29. Juli 1252, als Eberhard von Seyne und der Bischof Heinrich von Kurland die Gründung der Burg Memel urkundlich festlegten. Später sollte die Stadt mit einem Bischofshof gebaut werden. Dieses viel versprechende Vorhaben wurde nicht realisiert. Schade, weil in diesem Fall wir in Klaipėda möglicherweise ähnliche eindrucksvolle Bischofsresidenzen wie in Ventspils oder im polnischen Lidzbark Warmiński gehabt hätten.

Die Namensherkunft der Stadt an der Dange ist immer noch umstritten. Es ist nicht genau bekannt, wann zum ersten Mal der litauische Name der Stadt verwendet wurde. Deutsche, die falschlich davon ausgingen, dass sie die Memelburg an der Mündung des Memelflusses (Memele) bauen, haben auch die neu gegrundete stadt mit dem Namen Memel benannt. 1258 hiess die Stadt in der Verleihungsurkunde des Lübecker Stadtrechts Memelenborg. Borg, Burg bedeutete Stadt im Althochdeutschen.

Vytautas der Grosse, der die Ostseeküste als „Land der Väter" beanspruchte, verwendete in seinen Briefen an den Deutschen Orden die Namen *Caloypede* und *Klawppeda*. Der Sprachwissenschaftler Kazimieras Būga leitete das Wort von kurischem *klaips* (Brotlaib) und *ėsti* (fressen) – Brotfresser (d.h. die Burg als Brotverzehrer) ab. Es gab Versionen, dass der Name vom Wort *pėda* (Fuss) und *klampi vieta* (sumpfige Stelle), stammt, weil die Stadt inmitten der Sümpfe liegt. Der Sprachforscher J. Endzelynas versuchte, das lettische *klajš* (offen, leer) mit dem griechischen *pedov* zu verbinden, das Erde oder Land bedeutet. Andere Wissenschaftler stellten Vermutungen an, dass es von einem Personennamen – *Klaipėdžius* ar *Klaipėdaitis* – hätte stammen können, d.h. derjenige, der „Füsse schief stellt", der Schiefbeinige. Es gab verschiedenste Annahmen, und der litauische Name der Hafenstadt hat sich im internationalen Gebrauch erst im 20. Jahrhundert etabliert, als Litauer offen ihre Rechte auf Klaipėda verkündeten.

Jahrhundertelang waren die hanseatischen Koggen die besten Schiffe der Ostsee

DIE HANSE

Im 13.–14. Jahrhundert wurde der Handel im Ostseeraum vom Kaufmannsverbund Hanse organisiert, der deutsche Städte um Lübeck vereinigte. Die Hansestädte dominierten sowohl auf der Nord- und Ostsee als auch auf dem Flachland Deutschlands oder Livlands. Der Hanse gehörten Tallinn, Riga, Ventspils, Köln, Visby auf der Insel Gotland an...

In gotischer Sprache bedeutete *hanse* eine „Kaufmannsgemeinschaft", deren Verwaltungs- und Unterordnungssystem in bestimmter Hinsicht der Europäischen Union ähnlich war. Es handelte sich um keine militärische sondern um eine unternehmerische Struktur. Die Hanseaten hatten keine Staatsgrenzen und gruppierten sich um die Städte, die durch das gemeinsame Handels- und Stadtrecht vereinigt waren. Auf dem Höhepunk ihrer Blütezeit waren es ungefähr zwei hundert. Dem Verbund stand Lübeck, die Partnertstadt von Klaipėda, vor, und die Hauptkontoren befanden sich in London, Bergen und Brügge. Die Zugehörigkeit zur privilegierten reichen Hanse brachte den Handelsstädten Vermögen. Bezaubernde Altstadtsgassen in Lübeck und Riga, prachtvolle Bürgerhäuser und majestätische Kirchen entstanden in der Hansezeit.

Dafür, dass Klaipėda nicht zu einer Hansestadt wurde, waren nicht nur geopolitische, sondern auch geographische Umstände entscheidend. Lübeck steht an der Travemündung, Riga befindet sich am Daugava-Fluss, der die Stadt mit der fortgeschrittenen Vorstadt verband. Das von Winden zersauste Klaipėda wurde an der Mündung der Dange erbaut, hinter der nur unbewohntes Land, Wälder und kriegerische Stämme herrschten, die weder etwas anzubieten noch einzukaufen hatten. Allerdings funktionierte zeitweilig eine Hansekontor in Kaunas, doch damals zählte man auf dem livländischen Ordensgebiet 12 Hansestädte.

Klaipėda, das kein festes wirtschaftliches Hinterland besaß, verwandelte sich nicht in eine von Pracht und architektonischer Vielfalt umgebene Kaufmannsrepublik wie Lübeck oder Gdansk. Das Hanse-Geschäft und die sich daraus ergebenden Vorteile segelten vorbei. „Die Memele war zu verne gelegen, Got der mußte ir selber pflegen", hieß es in einer Ordenschronik.

Memel auf dem Kupferstich von Christoph Hartknoch, 1684

„DAS GOLDENE ZEITALTER"

Im 16. Jahrhundert ging in Europa ein beträchtlicher Umbruch vonstatten: nationale Monarchien entstanden, neue Handelswege wurden entdeckt, aus Amerika strömten Gold und Silber nach Europa. Eine „Preisrevolution" erfolgte, als die Preise von Landwirtschafts- und Industrieprodukten stiegen, und der Wert von Gold und Geld sich verringerte.

Klaipėda blieb von den allgemeinen europäischen Prozessen nicht unberührt und beeilte sich, dem Reexport von Rohstoffen und Fertigwaren anzuschliessen. In den Eintragungen von 1520 finden wir die ersten Nachrichten von dem in Klaipėda erhobenen Seezoll. 1538 erlaubte der preussische Kurfürst der Stadt eine Waage zu besitzen, und die Einnahmen daraus sollten für das Allgemeinwohl der Stadt verwendet werden. 1597 wurde eine Zunft der Kaufmannschaft gegründet, die später das Freihandelsprivileg mit dem Vorrecht für den unbeschränkten Ein- und Ausfuhr von verschiedenen Gütern erhielt. Jedoch konkurrierten die Kaufleute von Klaipėda schon im 16. Jahrhundert wahrhaftig mit der Hauptstadt Königsberg. Der in den Niederlanden begonnene Aufschwung des Fischerei- und Handelsschiffsbaus bewirkte einen Mangel an Baumaterialien. In Westeuropa mangelte es sowohl an Holz als auch an sonstigen begehrten Rohstoffen. Im 17. Jahrhundert verwunderten phantastische Zahlen Europa: Holländer verfügten über 1500 *buyssen*, Heringfangschiffe, die insgesamt zwölf tausend Fischer und drei hundert tausend Heringfässer beherbergten. Der Handel mit holländischem Hering in der Ostseeregion entwickelte sich zur Reichtumsquelle der Niederlande. Über Klaipėda gingen Flachs, Hanf, Pech, Pottasche, Schiffsbauholz nach Amsterdam, und die Schiffe aus holländischen Häfen brachten Fässe voll mit Heringen.

Das Handelsvolumen des Klaipedaer Hafens begann mit Königsberg zu konkurrieren, dessen Kaufleute mit Hilfe der preussischen Regierung ihren Hafen protegierten und die Privilegien des Hafens von Klaipėda enthoben, um den profitablen Handel über den Nemunas mit dem Grossfürstentum Litauen und den Nordseeländern zu übernehmen.

Die im 17. Jahrhundert zwischen Litauen und Polen erfolgten Kriege mit Schweden befreiten Klaipėda für kurze Zeit von der Vorherrschaft Königsbergs. Aus diesem Grund erlebte Klaipėda einen besonderen Aufschwung, doch als die Stadt erneut unter die Herrschaft des Herzogtums Preussen geriet, begann Königsberg wieder zu dominieren. Im 18. Jahrhundert wurde der Reexport von Holz und Nahrungsmitteln, der über den Hafen Klaipėda ging, von Amsterdam nach London umgeleitet. Grossbritaninien trat als maritime Grossmacht auf und übernahm diesen Titel von Holland. Auf den Strassen Klaipėdas erklang immer öfter die englische Sprache.

Hier stand der Folterpfahl

WO DER STADTGALGEN STAND

Den Quellen zufolge erhielt Klaipėda seit den ersten Tagen der Deutschordensherrschaft eine schlechte Reputation: 1330 erstach der Memeler Konventsritter Johannes von Neendorph nach dem Abendgottesdienst in Marienburg den Hochmeister, der ihn beleidigt hatte.

Es ist bekannt, dass Ende des 17. Jahrhunderts der Kurfürst von Brandenburg und Herzog von Preussen Friedrich Wilhelm Klaipėda in den Folter- und Bestrafungsort seines politischen Gegners Ludwig Kalkstein-Stolinski umwandelte. Es geschah in den Zeiten, als öffentliche Hinrichtungen nicht nur eine Erziehungsfunktion ausübten und den Triumph der Gerechtigkeit symbolisierten, sondern auch eine Art Unterhaltung für die Bürger darstellten. Wie der Historiker Johannes Sembritzki schreibt, hatte der Henker damals alle Hände voll zu tun: „Hängen, köpfen, rädern, peitschen". Im 16.–17. Jahrhundert stand der Stadtgalgen im Ort Galgenbruch, der später als Spitzhut (Gut Spitzhut) bekannt war, dort, wo heute sich die Minija- und Nemunas-Strassen abzweigen. Auf der massiven Galgenkonstruktion konnten gleich vier Verbrecher erhängt werden, und auf dem neben dem Galgen stehenden Eichenrad wurde 1672 der arme Kalkstein hingerichtet. 1722 kam der feste Eichengalgen in die Innenstadt, Kreuzung der Markt- und Friedrich-Wilhelm-Strasse, gegenüber dem damaligen Stadtwachenhaus. Während eines Meeresfestes stellte der Künstler Anatolij Klemenzow eine originelle kinetische Skulptur an der Stelle des ehemaligen Folterpfahls auf, an den früher Kleinverbrecher angekettet und zu öffentlicher Schmach ausgestellt wurden. Anfang des 19. Jahrhunderts wurden der Galgen und das Folterrad an den damaligen Stadtrand verlegt – die jetzige Kreuzung der Mantas- und Daukantas-Strasse. Der Pfahl mit Rädern, an denen verboten Leichen der Bestraften hingen, bot keinen angenehmen Anblick. Als sich in Europa allmählich die Ideen der Bildungsepoche angesichts des Sklavenhandels, der grausamen Folter und des Verbots öffentlicher Strafen verbreiteten, verschwanden diese Formen der „Kleinarchitektur" aus den Strassen Klaipėdas.

Die Strasse der „16. Division" (heute Kretingos-Strasse)

DER ÄLTESTE BERUF

Wann sich die Vertreterinnen des ältesten Berufes der Welt in Klaipėda fanden, könnte man heute kaum feststellen. Klaipėda wurde von einem militärischen Orden gegründet, dessen Mitglieder die Abstinenz als Tugend betrachteten. Doch um die Burg wuchs rasch die Stadt, und in mittelalterlichen Städten waren freizügige Frauen eine Selbstverständlichkeit. Ausserdem beherbergte Klaipėda auch einen Hafen, und keine Hafenstadt der Welt kann nicht ohne offizielle oder inoffizielle Prostitution auskommen.

Vermutlich begannen die ersten Freudenhäuser der Stadt in der zweiten Hälfte des 18. Jahrhunderts ihre Dienste anzubieten, als in Klaipėda die Anzahl der ausländischen Schiffe und Seeleute zunahm. Derartige Einrichtungen entstanden in der Nähe des Hafens, in der Vorstadt Vitte, wo während des Aufenthaltes der preussischen Herrscher ein *publiques appartament* nach französischem Vorbild eröffnet wurde, um eine strengere Ordnung und Kontrolle einzuführen. Der Historiker Jonas Tatoris schreibt, dass 1830 in Klaipėda acht Freudenhäuser existierten, in denen achtzig Mädchen arbeiten. Davon blieben 1842 lediglich drei Bordelle mit dreisig Mädchen. In der Zwischenkriegszeit gab es in Klaipėda keine offizielle Prostitution, doch Dienstleistungen dieser Art wurden unter der Deckung von Restaurants und Cafes angeboten. In der Sowjetzeit war die sogenannte „16. Division" berüchtigt, deren Mädchen überwiegend in dem Stadtviertel mit der gleichnamigen Strasse lebten. Sie bedienten nur gegen Auslandswährung, und nur ausländische Seeleute. Es kam auch zu glücklichen Geschichten, als ein verliebter Seewolf ein Mädchen zur Frau nahm und sie mitnahm. Die sowjetische Regierung kämpfte verzweifelt gegen diese „immer noch vorkommende soziale Unsitte", wobei Photographien der Mädchen öffentlich auf dem „Schandbrett" der Stadt angeprangert wurden. Beinahe wie in Klaipėda des 18. Jahrhunderts, als an der Kreuzung der Markt- und Friedrich-Wilhelm-Strasse die Lüsterer an den Folterpfahl gekettet wurden. Die Geschichte hat eine Neigung sich zu wiederholen. Vor dem Zweiten Weltkrieg waren zweideutige Aushängeschilder und Zeichen, die auf das vorhandensein bestimmter Dienstleistung hinwiesen, verboten, und heute kann man in den Stadtzeitungen Anzeigen mit Angeboten der erotischen Massage lesen.

Abreise des Königlichen Paares von Memel am 25. September 1808

DIE HAUPTSTADT

Jahrhundertelang war Memel eine Provinz, entlegene Ecke Preussens, die nur von Handelsschiffen besucht wurde. In der Stadt übernachteten auch Reisende, die auf der Poststrasse nach Königsberg, Riga oder Sankt Petersburg weiterfuhren...

Doch als 1806 der französische Kaiser Napoleon die Armee Preussens im Laufe einiger Wochen zerschmetterte, wurde Memel zu einer Hauptstadt. Preussen verlor den Status einer Grossmacht, und nur die russische Armee hielt die voranschreitenden Franzosen an. Die erschrockene königliche Familie flüchtete zur entlegensten Stadt ihres Reiches. Weiter konnte man nicht fliehen. Die Einmischung der russischen Armee und des Kaisers Alexander I. rettete den Staat Friedrich Wilhelms III. vor der völligen Ausradierung von der Karte Europas. Die Stadtbürger, die gewissermassen die künftigen Ereignisse voraussahen, haben noch 1802 die Lindenstrasse in Alexanderstrasse umbenannt. Im Juni 1807 in Tilsit, auf den Flössen in der Mitte des Memelflusses, unterzeichneten Napoleon und Alexander I. den Friedensvertrag, nach dem Europa in die von Franzosen und Russen kontrollierten „Einflussbereiche" geteilt wurde.

In Klaipėda residierten ein Jahr lang der preussische König Friedrich Wilhelm III. mit seiner Gemahlin Luise und den Hofleuten auf der Flucht vor den französischen Eroberern. Im Dezember 1806 reiste der Staatskabinettsminister Carl August Hardenberg in Memel an, und kurz darauf folgte ihm im Januar die königliche Familie. Am 9. Oktober 1807 wurde in Memel das berühmte „Edikt über die Bauernbefreiung" des grossen Reformers, Ministers Friedrich Karl Freiherr vom Stein, noch Oktoberedikt genannt, erlassen.

Damit den Königen das Leben in der neuen Hauptstadt freundlicher erschiene, wurde mit der Strassenbeluchtung begonnen, und damit die königliche Garde nicht im Schlamm versinkt, wurden das Pflaster ausgebessert und die Alexanderstrasse mit Sand aufgefüllt. Die Anwesenheit des königlichen Hofes und der Schmuggel mit englischen Waren haben laut eines Reisenden „hier einen Wohlstand hervorgebracht, den man nicht so leicht an einem anderen Orte von dieser Grösse findet". Der König erzeigte der Stadt seinen Dank für die Gastfreundlichkeit, indem er ihr ein bedeutendes Landgebiet nördlich der Vitte schenkte.

Gut, wenn die Regierung manchmal nahe ist und manchmal verreist.

Dankbare Stadtbürger stellten einen Gedenkstein für die Königin Luise
in Tauerlauken auf, 1900

Das Gebäude der alten Schule in Juodkrantė (1903).

KULTURZENTRUM
LIUDVIKAS RĖZA

Martynas Liudvikas Rėza

(1776–1840)

M. L. Rėza (Martin Ludwig Rhesa) wurde am 9. Januar 1776 im Dorf Karvaičiai geboren.

Im Jahre 1785 zog M. L. Rėza aus der Kurischen Nehrung nach Kaukėnai um, wo er sechs Jahre verbracht und weiter fleißig gelernt hat. Im Alter von 15 Jahren wurde er im Sommer 1791 im Bedürftigenheim Lebenicht in Karaliaučius (Königsberg) untergebracht.

Im Jahre 1795 trat M. L. Rėza in die Theologie-Fakultät der Universität Karaliaučius ein, wo er sich am meisten für Philosophie und Ostsprachen interessierte. Einen großen Einfluss auf das Heranreifen der Persönlichkeit von M. L. Rėza hatten der Philosoph I. Kant, Orientalist J. Hasse, die Historiker K. Mangelsdorf und Ch. Krause, die an der Universität unterrichteten.

Während des Studiums besuchte M. L. Rėza das Seminar der litauischen Sprache, das seit dem Jahre 1723 funktionierte, und leitete es später viele Jahre, wobei er es auf einen höheren Stand gebracht und so seinen Beitrag zur litthuanistischen Ausbildung der künftigen evangelisch-lutherischen Priester von Kleinlitauen (Preußisch-Litauen) geleistet hatte.

Nach Abschluss der Universität war M. L. Rėza fünfzehn Jahre lang als Garnisonprediger tätig, erst seit dem Jahre 1816 widmete er seine Tätigkeit nur der Universität. Im Jahre 1810 wurde M. L. Rėza extraordinärer Professor an der Universität Karaliaučius.

Für seine Studie über die Geschichte der litauischen Bibel wurde M. L. Rėza der Grad des Doktors der Theologie verliehen, im Jahre 1819 wurde er zum Dekan der Theologie-Fakultät und später zum Rektor ernannt.

Im Jahre 1828 wurde M. L. Rėza der erste Seniorprofessor der Theologie-Fakultät. Die wissenschaftliche und gesellschaftliche Tätigkeit von M. L. Rėza wurde am Ende seines Lebens hoch eingeschätzt: im Jahre 1840 wurde ihm der staatliche Preußische Orden verliehen.

M. L. Rėza war der erste, der im Jahre 1818 das Werk „Die Jahreszeiten" von Kristijonas Donelaitis herausgegeben und so das unsterbliche Werk von K. Donelaitis den kommenden Generationen erhalten hatte. Allein mit dieser Arbeit verdiente M. L. Rėza einen besonderen Platz in der Geschichte des litauischen Schrifttums.

Im Jahre 1825 wurde im Verlag Hartung in Karaliaučius das Sammelwerk der Volkslieder vom M. L. Rėza mit dem Titel „Dainos oder Littauische Volkslieder" herausgegeben, wo 85 Volkslieder mit ihren Übersetzungen in die deutsche Sprache veröffentlicht wurden.

M. L. Rėza lebte in der Stadt seiner Studien bis zu seinem Tode (1840). M. L. Rėza fand seine letzte Ruhestätte auf dem alten Domfriedhof (Knypava) am Brandenburger Tor. Auf Wunsch von M. L. Reza wurde im Jahre 1853 aus seinen hinterlassenen Geldmitteln das Rhesanium, ein Heim für arme Studenten gebaut. Nach fünf Jahren nach dem Tod von M. L. Rėza erhielt eine Straße in Karaliaučius seinen Namen.

Verewigung des Namens von M. L. Rėza in der Stadt Neringa

Im Jahre 1975 wurde zum 200. Geburtstag von M. L. Rėza auf der linken Seite der Straße nach Pervalka, auf der Skirpsto-Sanddüne eine vom Volkskünstler Eduardas Jonušas geschaffene Holzskulptur für M. L. Rėza errichtet. Die Holzskulptur schaut auf das im Jahre 1790 vom Sand

Im Jahre 1976 wurde die Hauptstraße in Juodkrantė nach dem Namen von M. L. Rėza benannt.

Im Jahre 1994 erhielt die Hauptschule von Juodkrantė den Namen von Liudvikas Rėza.

Im Jahre 1994 wurde ein Denkmal für Liudvikas Rėza (Bildhauer Arūnas Sakalauskas) in Juodkrantė enthüllt.

Im Jahre 2006 wurde die Liudvikas-Rėza-Hauptschule in Juodkrantė zur Liudvikas-Rėza-Marine-Kadetten-Schule.

Am 22. Januar 2007 wurde das alte Kulturzentrum reorganisiert, ihm wurde

DIE SCHÖNE KÖNIGIN IN MEMEL

Die Königin Luise war wegen ihrer Schönheit berühmt. 1807 reiste sie auf Einladung des preussischen Königs zu den Friedensverhandlungen nach Tilsit, um das Herz Napoleons zu erweichen, der das besiegte Preussen mit Russland einfach teilen wollte. Das Gespräch zwischen Luise und Napoleon unter vier Augen dauerte so lange, dass der König Friedrich Wilhelm III. ungeduldig geworden war und den Raum betrat. Napoleon sagte später scherzend: „Er erschien zur rechten Zeit. Eine Viertelstunde später, und ich würde der Königin alles versprochen haben."

Der preussische König und seine Gemahlin Luise, die hier unter dem „*feuchten und kalten nordischen Klima*" litt, bezogen in Memel das Haus des Handelsherrn Friedrich Ludwig Consentius am Dangeufer, das heute die Kreisverwaltung Klaipėda beherbergt. Nach dem Niedergang des Staates war die Stimmung unterdrückt: „*Unter traurigeren Umständen hast Du noch keinen Geburtstag gefeiert. Preussens Grösse ist dahin, Dein Vater recht unglücklich durch das Elend, welches sein Volk ohne seine Schuld leidet, der Staat aufgelöst und verarmt*", schrieb sie in einem Brief an den Sohn.

Einige Schritte hinter dem ehemaligen Rathaus steht das Jugendzentrum, früher das Pionierhaus, oder das ehemalige mit dem Namen der Königin Luise benannte Knabengymnasium, in dem das von Tischbein gemalte Portrait der Königin in Brautkleid hing. Das königliche Paar liebte romantische Spaziergänge in Bommelsvitte am Leuchtturm, in Tauerlauken, besuchte auch gern den Friedrichsmarkt.

Nach der Abreise des Königspaares kehrte Memel zum gewohnten Rythmus einer ruhigen Provinzstadt zurück. Die Stadtbürger erinnerten sich an das königliche Paar, das „*der braven und guten Bürgerschaft von Memel*" für die Beweise der Treue in einer für Preussen schwierigen Zeit dankte.

Das erste nach dem Brand errichtete Gebäude war die Gasfabrik

DER GROSSE BRAND

Der grosse Brand von Memel/Klaipėda loderte am Morgen des 4. Oktober 1854 in einem mit Hanf und Fett vollgestopften Speicher des Vitter Kaufmanns W. Muttray auf. Während des Krimkrieges sah die ganze Stadt wie ein riesengrosser Speicher aus: man konnte kaum ein Haus finden, das nicht mit Waren voll beladen würde. Obwohl die Stadt schon die Erfahrung der vernichtenden Brände des 17. Jahrhunderts hatte, wurden der Brandschutz und die entsprechenden Bauvorschriften mit festgesetzter Strassenbreite und Haushöhe gar nicht ernst genommen.

Damals brannten grosse Teile der Altstadt und die Wohnviertel um das Zollamt und die Flachswaage an der Börsenbrücke aus. In Asche verwandelte sich die Vorstadt Vitte. Fachwerkspeicher mit romantischen Namen „Leopard", „Drei Dächer", „Zwei Brüder", „Carl" brannten nieder. Aus dem Stadtpanorama verschwanden drei Kirchen, fünf Schulen, 83 Speicher, ganze Wohnviertel und Wirtschaftsbauten. Die im Hafen stehenden Schiffe fingen Feuer, einige wurden absichtlich versenkt, um sie selbst und die Waren später retten zu können. 2784 Stadtbürger verloren ihr ganzes Vermögen und Dach über dem Kopf. Aus den Spenden hat die Stadt ihnen ein Obdachlosenheim erbaut und später Grundstücke aus der Hinterlassenschaft Wieners für den Bau weiterer Heime erworben. Doch der grosse Brand hat den Wachstum Klaipėdas nicht gebremst. Klaipėda wurde wieder aufgebaut, hat sich verändert und verschönert. Der erste aus Stadtmitteln errichtete Industriebau war die Gasfabrik, deren Überreste immer noch stehen. Das originelle Feuerwehrhaus wurde gebaut und fiel dem Bau des Hotels „Klaipėda" zum Opfer. Klaipėda war die zweite Stadt in Preussen nach Berlin mit der fest angestellten Feuerwehr. Das neue Börsengebäude erhob sich an der Dange, dort, wo 1946 schon die neuen Bewohner Klaipėdas Strassen von Ziegel- und Betontrümmer reinigten. Nach den Entwürfen des Berliner Architekten und preussisch-königlichen Rats Friedrich Wilhelm Stüller erfolgte der Wiederaufbau der Johanniskirche, deren 75 m hoher Turm mit der Uhr zum Mittelpunkt der Stadt wurde, sowie der Jakobskirche- und Reformiertenkirche. Sie verschwanden nach dem schrecklichsten in der Geschichte Klaipėdas Brand des Zweiten Weltkriegs.

Der industrielle Umbruch hat auch Memel betroffen

DER SPRUNG

Laut Wissenschaftshistoriker ging in der Zeit von 1870 bis 1900 ein erstaunlicher technologischer und technischer Fortschritt vonstatten, welcher sich in Europa niemals wiederholte. Obwohl Klaipėda eine ziemlich provinzielle Stadt war, kann ihr Modernisierungssprung ebenso als bemerkenswert eingestuft werden. Der wirtschaftliche Umbruch wurde hier von Engländern eingeleitet. 1840 baute der in Klaipėda ansässig gewordene Jorkshyre Kaufmann John Mason eine Dampfwollspinnerei und Tuchfabrik. Damit wurde der Beginn der industriellen Textilerzeugung in Klaipėda eingeläutet. Heute ist die Geschichte der Textilindustrie in Klaipėda zu Ende. An der Stelle der Baumwollspinnerei und der Strumpffabrik werden Gebäude anderer Bestimmung errichtet. Dem erwähnten Mason gehörten in Klaipėda ebenfalls die Tabakfabrik, das Dampfsägewerk und die Dampfschmiede, Maschinenfabrik und Giesserei. All diese Betriebe gingen in den Flammen des Grossen Brandes auf.

Der erste aus Stadtmitteln errichtete Industriebau war die Gasfabrik, in dem Steinkohle verarbeitet und Gas für die Strassenbeleuchtung gewonnen wurde. Später wurde die Produktion von Koks, Ammoniumwasser, Benzol und Seltzer aufgenommen. Die Gasholder, die an den industriellen Sprung Klaipėdas erinnern, stehen immer noch in der Lindenstrasse und warten auf Investoren.

1869 wurde die Knochenmehlfabrik in Betrieb genommen, die später unter dem Namen *„Union, Fabrik chemischer Produkte"* firmierte und ein Zweigwerk des Hauptwerkes in Stettin-Stolzenhagen war. Die Fachwerkreste der Fabrik sind in der Artojų Strasse immer noch zu sehen. Der Betrieb stellte künstliche Dünger – Superphosphat – und Schwefelsäure her. 1899–1900 wurde die grösste im Memelland (es sei hinzugefügt, in ganz Klein-Litauen) Zellulosenfabrik gebaut, in der ca. 600 Arbeiter Zellulose, Papier und technischen Sprit herstellten, und die gefragte, qualitätsvolle Produktion ging über den Hafen nach England, Frankreich, Deutschland, Belgien, Holland. Obgleich Klaipėda ein Grenzgebiet des Deutschen Reiches blieb, wurde es Ende des 20. Jahrhunderts schliesslich zu einem Teil des industriellen Europas.

Die Jahre der grossen Umwandlungen

DAS MASCHINENZEITALTER

1900 hat der Klaipedaer Postsekretär R. Netbaum als erster in der Stadt das Automobil „Daimler-Benz" erworben. Im gleichen Jahr wurde auf dem Gelände der heutigen Schiffswerft „Baltija" das erste Kraftwerk in Klaipėda und zwei Jahre später das Stadtwasserwerk in Betrieb genommen. Das letztere Ereignis fiel mit dem 650-jährigen Gründungsjubiläum der Stadt zusammen. 1904 wurde die Strassenbahn, die Schmelz mit dem Eisenbahnhof verband, in Betrieb gesetzt. 1908 kam der erste Linienbus von Liepaja nach Klaipėda. Die Düngerfabrik „Union" konnte kaum die Aufträge Russlands und Königsbergs erledigen. Die Gasfabrik, die nicht nur Gas sondern auch Ammoniumwasser, Benzol und Seltzer produzierte, unterlag einer Sanierung. 1900 wurde die Zellulosefabrik in Betrieb genommen, die zum grösstnn Betrieb des Memellandes wurde. In der Stadt zählte man mehr als zehn grosse Restaurants. Das dreistöckige, im Jugendstil erbaute Kaufhaus „Lasso & Co", neue Geschäfte in der Marktstrasse, das Gebäude der Firma „Salamander" an der Dange (heute ist „Salamander" hier zurückgekehrt) haben ihre Türen geoffnet. Unter dem Druck der Industriewerke schwanden Krüge, familiengeführte und auf die Zunftordnung basierende Handwerkbetriebe der Bierbrauer, Blecher, Riemer, Seiler u.a. Dem Schriftsteller Erich Kästner zufolge „rollte das Maschinenzeitalter wie ein Panzer über das Handwerk und die Selbständigkeit hinweg. Die Schuhfabriken besiegten die Schuhmacher, die Möbelfabriken die Tischler, die Textilfabrikanten die Weber, die Porzellanfabriken die Töpfer und die Kofferfabriken die Sattler." Das Maschinenzeitalter kam nach Klaipėda.

1927 enthüllte der Marschall Paul von Hindenburg ein Denkmal auf dem Schlachtfeld von Tannenberg anlässlich des Jahrestages der Verdrängung der Russen aus Ostpreussen

DER GROSSE KRIEG UND KLAIPĖDA

Der Erste Weltkrieg war auch der Grosse Krieg genannt, weil die Zahl der gefallenen Soldaten und das Grauen alles bis dahin Bekannte übertraf. 1931 wurde in Klaipėda wie auch in jeder Stadt und Siedlung Deutschlands ein Denkmal zum Gedenken an die im Krieg gefallenen Stadtbürger enthüllt: ein weisses Granitachteck mit dem Eisernen Kreuz und der Inschrift „1914–1918". Das Denkmal ist nicht erhalten geblieben, doch der deutsche Soldatenfriedhof im Waldpark Klaipėdas wurde nach der Wiedererlangung der litauischen Unabhängigkeit rekonstruiert.

Die Deutschen planten einen „Blitzkrieg" – in einigen Wochen Frankreich zu besiegen und die Hauptkräfte an die Ostfront zu werfen. Russen, die ihrer Verbündeten helfen wollten, drangen nach Ostpreussen ein und marschierten bis zum Ort der alten Tannenbergschlacht. Eine Telephonistin des Klaipedaer Postamtes ging in die Geschichtsbücher der deutschen Schulen ein. Als im März 1915 die 4000 Mann starke russische Armee in Memel einmarschierte, benachrichtigte die junge Telephonistin Restel über die letzte freie Linie vom Postamt aus, welche russische Einheiten auf der Lindenstrasse vorbeiziehen. Für diese patriotische Heldentat hat der Marschall Hindenburg, der spätere Reichspräsident, dem „Fräulein Memel" eine Auszeichnung verliehen.

Beim Vordringen der Russen nach Memel zogen sich das deutsche Militär und ein Grossteil der Bevölkerung auf die Kurische Nehrung zurück. Als am 21. März 1915 die Verstärkung aus Königsberg eintraf, haben die deutschen Einheiten unter dem Generalleutnant von Pappritz Memel zurückerobert und ins Territorium des russischen Reiches eingedrungen. Zur Unterstützung der durch den Krieg gelittenen ostpreussischen Städte wurde in Deutschland die Aktion der Patenstädte organisiert. Memels Patenstadt wurde Mannheim, und am Rheinufer neben der Hauptbrücke steht heute noch der Gedenkstein mit der Inschrift „Memel". Bis 1945 hiess die jetzige Galinio Pylimo Strasse Mannheimstrasse. Nach dem Zweiten Weltkrieg nahm Mannheim die meisten aus dem Memelland Vertiebenen auf.

Die Brücke, die die Völker verband

OFFEN FÜR ALLE

Im Memelland lebten nicht nur Deutsche und Litauer, wie man üblicherweise denkt. Obwohl im 19. Jahrhundert hier Deutsche und Litauer in einer ungefähr gleichen Zahl vertreten waren, stellten die Litauer in Memel wie in anderen Städten Klein-Litauens eine Minderheit dar. Im Laufe von mehr als sieben hundert Jahren haben Kuren, Schweden, Holländer, Schotten, Engländer, Russen, Letten, Ukrainer, Polen, Juden eigene Spuren in der Stadtgeschichte hinterlassen. Die zahlreiche Anwesenheit der ausländischen Kauf- und Geschäftsleute in Memel des 17.–18. Jahrhunderts deutet darauf hin, dass örtliche Handelsherren nicht mit der Gewandheit der Ausländer konkurrieren konnten. Die bei archäologischen Ausgrabungen in der Stadt gefundenen holländischen Pfeiffen und Kacheln die Spuren der Hollaender in unserer Stadtgeschichte zurückverfolgen. Judentraten in der Stadt Mitte des 19. Jahrhunderts zahlreicher auf, und am Ende des Jahrhunderts reichte ihre Zahl bis an einige Tausend. Wie ein Reisender Anfang des 19. Jahrhunderts schilderte „die unbeschreibliche Tätigkeit, die hier zu jeder Tageszeit herrscht, die Schiffsherren, Matrosen, Kaufleute, Arbeiter, Litauer, Russen, Juden, Polen, Engländer". Die Engländer brachten die Teezeremonie, Empfehlungen und Traditionen des englischen Sprachgebrauchs nach Memel, die das Verhalten der einheimischen Kaufleute und der höheren Gesellschaft verändert haben. Nach dem Zweiten Weltkrieg waren Deutsche von der historischen und topographischen Karte beinahe ganz verschwunden, doch Russen, Weissrussen, Ukrainer und Juden haben aus verschiedenen Winkeln der Sowjetunion zugezogen.

Klaipėda war eine den Herausforderungen offene kosmopolitische Stadt, und dieser Kosmopolitismus prägte den Charakter der Stadtbürger. Heute machen Litauer mehr als zwei Drittel der Bevölkerung aus. Die russischsprachigen Einwohner der Stadt geniessen heute derartige kulturellen Entfaltungsmöglichkeiten, welche anderswo in Europa kaum vorzufinden sind. Zur ihrer Verfügung stehen die aus Stadtmitteln finanzierten Schulen, Kindergärten und Volksvereine. Viele in Klaipėda lebenden Menschen verstehen die russische Sprache. Die englische Sprache hat allerdings als Instrument der internationalen Kommunikation die vor dem Krieg dominierende deutsche Sprache verdrängt.

1802 entstand in Memel die Alexanderstrasse

RUSSEN IN KLAIPĖDA

In Klaipėda kann man die russische Sprache öfter als andere hören. Russen siedelten hier nach dem Zweiten Weltkrieg um, doch ihre Spuren in Klaipėda lassen sich auch früher finden.

In Memeler Gasthöfen übernachtete der russische Zar Peter I. auf der Weiterreise nach Europa, wo er die Schiffsbau- und Seefahrtskunst lernte. 1712 traf seine Gemahlin Jekaterina I. auf der Rückfahrt von Königsberg in Memel ein, und da Peter I. sich verspätete, übernachtete sie in einem der Gasthäuser und hat die ganze Nacht vor Lärm und Tabaksqualm kein Auge zugetan. Als sie sich beim preussischen Commissarius darüber beschwerte, wurde der Gastwirt verhaftet, und erst der nach einigen Wochen gekommene Zar liess ihm eingedenk mancher zusammen mit dem Gastwirt durchzechten Nächte die Freiheit geben.

Während des Siebenjährigen Krieges hielten Russen ostpreussische Städte besetzt und zogen am 6. Juli 1757 in Memel ein. Diese Okkupation wurde im Gegensatz zum Ende des Zweiten Weltkriegs von Stadtbürgern positiv angenommen. Die Armee brackte Aufträge, im Hafen wurden Kriegsschiffe gebaut und repariert, russische Offiziere haben grosszügig Geld herausgegeben, und das konnte die einheimischen Handelsleute nur erfreuen. Für die russische Besatzung wollte man auch eine Ortodoxenkirche gründen. Allerdings wurden damals für den Armeebedarf die Wälder des Memellandes und der Kurischen Nehrungen massenweise ausgerodet. Im Ersten Weltkrieg haben Russen Memel für kurze Zeit wieder besetzt.

1802 besuchte der Kaiser Alexander Memel und wurde im Königswäldchen vom König Friedrich Wilhelm III. und der Königin Luise empfangen. Im gleichen Jahr entstand in Memel die Alexanderstrasse, heute die Lindenstrasse, die zu Ehren des treūn Verbündeten Preussen diesen Namen erhielt. Auch russische Kaufleute kamen nach Memel, doch nicht so zahlreich wie Engländer, Schotten oder Holländer. Im Dezember 1934 hielt sich die Weltberühmtheit – Fjodor Schaljapin – in Klaipėda auf, der die Mephistophel-Rolle spielte. In den Sowjetjahren nahmen Russen in Klaipėda wichtige Stellungen ein: in der Flotte, in den Seefahrtorganisationen und Stadtbetrieben. Heute zeichnen sich im bunten Kulturleben Klaipėdas der mit sympathischen Werken die Stadt schmückende Bildhauer Sergej Plotnikow, der zehn Jahre lang das Meeresfest dekorierende Künstler Anatolij Klemenzow, der dem Landschafsgenre treue Maler Wladimir Bogatyriow, ebenfalls Musiker und Pädagogen, die nach Klaipėda schon während der „Žalys-Ära" gekommen waren.

Das jüdische Gebetshaus in Memel

JUDEN IN KLAIPĖDA

Die alten Chroniken berichten von dem im Mittelalter verbreiteten Mythos über Juden, die angeblich Trinkbrunnen vergifteten und den Christen sonstiges Unheil anrichteten. Im 17. Jahrhundert sollten auf diese Weise 40 Menschen in Klaipėda ermordet worden sein.

Dem französischen Historiker Ferdinand Braudel zufolge fungierten die Juden in der Neuzeit als Indikator des wirtschaftlichen Wachstums. Wenn in einem bestimmten Ort die Anwesenheit der Juden wie auch der Auslandskaufleute zunahm, bedeutete es den Wirtschaftsaufschwung der Stadt. Wenn sich ihre Zahl verringerte und dieser Rückgang stabil war, so konnte man daraus schliessen, dass sich die Wirtschaftslage verschlechtert und nur schlechter wird.

Juden spielten eine wichtige Rolle in der Geschichte Klaipėdas. In der Stadt traten jüdische Familien im 16. Jahrhundert zahlreicher auf, und im 19. Jahrhundert begann ihre Anzal stabil zu wachsen: 1842 lebten in Klaipėda 69 jüdische Familien, 1855 – 289, 1867 – 887, 1875 – 1 040, 1880 – 1 214 Familien. In der Stadt entstand ein jüdischer Friedhof, 1886 wurde die Synagoge in Dienst genommen und 1939 vernichtet, ebenfalls existierte eine Chasidengemeinde, die mit modernen Deutschlandjuden nicht immer gut auskam. Der Kaufmann Wiener war als grosszügiger Mäzen berühmt. Die bedeutendste Persönlichkeit der jüdischen Gemeinde Klaipėdas war Isaac Rülf, der auf Einladung der Gemeinde 1865 kam und bis 1898 als Rabiner in Klaipėda wirkte. Er war einer der ersten Nachfolger des Zionismus-Begründers Theodor Herzl. Über Isaac Rülf erreichte die Information über Pogrome in Russland europäische Länder. 1896 wurde auf seine Initiative eine religiöse Isrälitenschule in der Kehrwiederstrasse gegründet und 1990 der jüdischen Gemeinde zurückgegeben. Rülf war auch eine Zeit lang als Redakteur der wichtigsten Stadtzeitung *„Memeler Dampfboot"* tätig. Mit Klaipėda ist David Wolffsohn verbunden, der von Darbėnai aus der Zionistischen Weltorganisation nach Herzls Tod vorstand.

In der Zwischenkriegszeit spielten Klaipėdas Juden – Holzkaufleute und Industrielle – eine bedeutende Rolle im Wirtschaftsleben der Stadt. Als sich die nazistischen Stimmungen verstärkten, verliessen Juden 1938–1939 die Stadt, zu der sie nach dem Zweiten Weltkrieg wiederkamen. Vor allem handelte es sich um russischsprachige Juden, die mit den Ansichten und Traditionen des Judaismus wenig vertraut waren. Sie machten einen geringen Bevölkerungsanteil aus (1959 lebten in der Stadt 0,9 % Juden, 1970 – 0,6 % und 1979 – 0,4 % Juden), der wegen der Auswanderung nach Isräl weiter schrumpfte, trugen aber massgeblich zur Verbesserung des Stadtlebens bei. Zu erwähnen sei der langjährige Leiter der Handelsorganisation Arkadij Lichtinschein, der in den Kaufläden das modernste in der damaligen Sowjetunion Selbstbedienungssystem einführte.

Der Rückzug über das vereiste Kurische Haff während des schwedisch-preussischen Krieges im Jahre 1679. Maler W. Simmler, 1891

„DIE GUTE SCHWEDENZEIT..."

„Die gute Schwedenzeit" steht auch als ein Begriff für die Schwedenherrschaft in der Ostseeregion Ende des 17. Jahrhunderts, als das Imperium der Schweden, deren Zahl sich auf 1,2 Millionen belief, ein Territorium von 900 000 Quadratkilometern umfasste. In den von Schweden besetzten Gebieten wurden Land- und Steuerreformen durchgeführt, estnische und lettische Schulen sowie Universitäten gegründet. Für Litauer war die Schwedenzeit nicht besonders gut: landwirtschaftliche Ressourcen wurden erschöpft, und die Bewegung der Armeen im Nordischen Krieg brachte den „schwarzen Tod" – die Pestepidämie nach Gross- und Klein-Litauen. Die leeren, ausgestorbenen Dörfer der Klein-Litauer füllten sich mit umgesiedelten Deutschen.

Die Schweden kamen nach Klaipėda Anfang des 18. Jahrhunderts, im Zuge des Erbfolgekrieges mit dem polnisch-litauischen Staat. Nach dem Altmärker Frieden kam 1629 Klaipėda gemeinsam mit anderen preussischen Häfen für sechs Jahre unter schwedische Regierung. Das befestigte Klaipėda fiel kampflos in schwedische Hand. Die schwedische Regierungszeit (1629–1635) befreite Klaipėda für einige Jahre von der Diskriminierung durch die Königsberger Kaufleute und trug zum Handelsaufschwung bei. Für die Stadt bedeutete die schwedische Verwaltung damals eine „gute Zeit". Doch die Schweden, die Schiffsbauholz benötigten, rodeten grosse Waldflächen der Kurischen Nehrung aus.

In geographischer Hinsicht war Klaipėda, das sich an einer günstig gelegenen Bucht befindet und dessen Hafen am nächsten zur Einfahrt in die Ostsee liegt, im Kriegsfall von seinem Hinterland aus sehr verletzbar. Die Geschichte hat sich wiederholt, als Ende 1678 Schweden von der Festlandseite die Stadt angriffen. Der 19. November 1678 war, laut Johannes Sembritzki, „der Ruhmtag der Festung und der Unglückstag der Stadt". Als der 16 000 Mann starke schwedische Korps unter der Leitung des livländischen Gouverneurs Heinrich Horn sich der Stadt näherte, befiehl der Festungskommandant Friedrich Dönhoff die Vorstädte Krammeist und Vitte in Brand zu setzen, damit sich der Feind dort nicht festigen könnte. Doch das Feuer breitete sich wegen des starken Windes über die ganze Stadt aus und verursachte grossen Schaden. Die Festung von Klaipėda konnten Schweden weder damals noch jemals später einnehmen. Über der Ostseeregion erhob sich der zweiköpfige russische Adler.

Das aus der Hinterlassenschaft J. L. Wieners errichtete Heim (heute ein Hotel)

WIENER

Julius Ludwig Wiener wurde 1795, im Jahr der Teilung der litauisch-polnischen Republik, in einer jüdischen Familie geboren. Seine Geburtsstadt ist Gdansk (Danzig), die Stadt, deren Geschichte dem Schicksal Klaipėdas so ähnelt.

Wiener war Jude, doch ein moderner Deutschlandjude, nicht Litauenjude oder Litvak, den die Lebensweise der benachbarten Völker wenig interessierte.

Er betrieb Blumensamenhandel und konnte ein beträchtliches Vermögen zusammentragen. 1818 erhielt Wiener das Memeler Stadtbürgerrecht und wurde 1833 in den Stadtrat gewählt.

Er liebte die Gesellschaft schöner Damen, auserlesene Getränke und wohlschmeckende Speisen in exclusiven Restaurants. Das Menschliche war ihm nicht fremd. Doch zählen wohl nicht die leiblichen Vergnügungen, sondern mehr die lebendige Erinnerung. Und in unserer Erinnerung ist er nicht als Ausschweifer sondern als grosszügiger Stadtbürger geblieben.

Auf dem Grabmal Wieners steht folgende Inschrift: „Sein Andenken ehren die Freunden, segnen die Armen".

Der 1862 gestorbene Mäzen hinterliess der Stadt ein damals bemerkenswertes Vermögen von 313 789 Talern. Von diesem Betrag erhielt die Johanniskirche 500 Taler, die Synagoge ebenfalls 500 Taler, und 2 000 Taler gingen an die Verlegung des Spazierweges vom Königswäldchen im nördlichen Teil der Stadt. Dieser Spazierweg wurde als Wiener-Promenade nach seiner Verlängerung bis zum Tauralaukis (Tauerlauken) benannt. Die Mittel der Wiener-Stiftung nutzte der Magistrat für den Bau der Schule, des Armen- und Krankenhauses.

Um Wiener eine Ehre zu erweisen, beerdigten ihn die Stadtbürger nicht auf dem jüdischen, sondern auf dem Hauptfriedhof der Stadt. 1977, als der alte Stadtfriedhof eingeebnet wurde, wurde das Grabmal Wieners demontiert und lag eine Zeit lang auf dem Hof des Restaurierungs- und Konservierungsinstituts. 2002 wurde das Grabmal auf dem ehemaligen Stadtfriedhof wiederaufgestellt.

Was lehrt uns das Beispiel Wieners und sein Leben? Es lehrt, der Heiligen Schrift zufolge, dass „Erde zu Erde, Staub zu Staub", und man kein Reichtum mit sich nimmt. Und eine Erinnerung an sich kann man derart hinterlassen, wie Julius Ludwig Wiener es tat. Die meisten anständigen und ehrwürdigen Stadtbürger, Stadträte damaliger Zeit sind aus dem Gedächtnis verschwunden, doch das Andenken an den Schmaus- und Frauenliebhaber Wiener war geehrt, als anlässlich des 750-jährigen Stadtjubiläums Klaipėda sein Grabmal an den alten Platz zurückkehrte.

Französische Soldaten feiern in Klaipėda den Tag der Einnahme der Bastille

SPUREN DER FRANZOSEN

Nicht viele Ereignisse könnte man in der Geschichte der litauisch-französischen Beziehungen finden. 1572 wurde der Herzog von Anjou, auch Henri von Valois genannt, zum König des polnisch-litauischen Staates gewählt und verliess nach drei Jahren sein Thron alsbald sich die Möglichkeit bot, Frankreichs König zu werden. 1812 verletzte der französische Kaiser Napoleon den Tilsiter Vertrag, indem er Nemunas/Memel bei Kaunas überquerte und hier den tragisch geendeten Zug nach Russland begann. Zwar legten französische Architekten und Landschaftsgärtner Parken für litauische Adligen an, doch in der Vorstellung des Schriftstellers Prosper Mérimée sowie seiner meisten Landsleute war Litauen ein exotisches, von wilden Tieren besiedeltes Land.

Im Memelland hingegen sind die Spuren der Franzosen mehr als in der Geschichte des litauischen Staates anzutreffen. In Memel lebte der preussische König Friedrich Wilhelm II. mit seiner Gemahlin Luise, Kindern und Hofleuten, um der Armee von Napoleon Bonaparte zu entkommen. Nach dem Krieg zwischen Preussen und Frankreich Mitte des 19. Jahrhunderts vereinigte der Kanzler Otto von Bismarck Deutschland. Memel wurde zur nördlichst gelegenen Stadt des Zweiten Reiches. Französische Kriegsgefangene haben 1873 den Bau des Wilhelm-Kanals abgeschlossen, der die Memelmündung mit dem Hafen von Klaipėda verband und einheimischen Kaufleuten gute Gewinne dank eines besseren Holztransportweges einbrachte. Ein kleines Denkmal zur Erinnerung an französische Gefangene, die den Abschluss dieses Bauvorhabens nicht mehr erlebten, wurde nach der Wiedererlangung der Unabhängigkeit unweit des Fährhafens errichtet. 1870–1872 existierte im Tal des Schweigens auf der Kurischen Nehrung ein Kriegsgefangenenlager, in dem Franzosen unter Krankheiten und rauhen Lebensverhältnissen litten. In den Jahren des Zweiten Weltkriegs kamen wieder französische Gefangene Klaipėda, die für den „Todt" Befestigungsanlagen errichteten, die Eisenbahn reparierten und auf memelländischen Bauernhöfen arbeiteten.

Nachdem Deutschland den Versailler Friedensvertrag ratifiziert hatte, wurde im Februar 1920 eine bescheidene Besatzung der französischen Alpenschützen nach Klaipėda befördert, die hier solange verweilen sollte, bis in Paris der endgültige Beschluss über das Schicksal des Memellandes gefasst wird. Die erhaltenen Fotoaufnahmen der Franzosenbesatzung zeugen davon, dass sich die Alpenschützen hier nicht langweilten: sie gingen in der Stadt spazieren, musterten die Frauen, gründeten ein Militärorchester und feierten herzlich ihr Nationalfest – den Tag der Einnahme der Bastille, bis im Januar 1923 als Aufständische verkleidete litauische Militärangehörige und Schützen Klaipėda besetzten. Nach der Erledigung diplomatischer Formalitäten in Paris holte der Panzerkreuzer „Voltaire" die französischen Soldaten im Hafen von Klaipėda ab und brachte sie in die Heimat.

Das Leben war nicht so idyllisch

OTTO GLAGAU UND KLEIN-LITAUER

Wo wird die Grenze zwischen der östlichen und westlichen Zivilisation im Norden Europas gestrichen? Heute erhebt niemand Zweifel daran, dass Finnen dem Westen gehören, wenn dagegen das von Litauern oder Polen bewohnte Areal kulturell undefiniert zwischen Osten und Westen bleibt. In dem von Litauern besiedelten Territorium existierten von alters her kulturelle und regionale Unterschiede. Verbreitet ist die Meinung, dass Klein-Litauen schon immer „westlicher" war. In wessen Vorstellung? 1868 wurden in Berliner *„Nationalen Zeitung"* die Eindrücke des Wiener Journalisten Otto Glagau von den Bräuchen der Bevölkerung Klein-Litauens abgedruckt. Im Sinne der Ordnung sind die Klein-Litauer, Glagau zufolge, *„in der Mitte zwischen Deutschen und Slawen"* – nicht so schlampig und unordentlich wie Masuren, doch auch nicht so sauber und wirtlich wie Deutschen." Die an der Küste lebenden Kuren dagegen, seiner Meinung nach, *„haben berechtig schlechten Ruf wegen ihrer Sitten, Neigungen und Lebensweise. Ihre Wohnungen sind dreckig, die Menschen unsauber, faul, grob und frech. Sonntags schlürfens übrigen Männer und Frauen hier doch nicht Schnaps mit Löffeln aus den Schüsseln wie in der Tiefe des Landes, aber auch hier trinken beide Männer und Frauen."* Laut Glagau ist es ein Land der prozesssüchtigen Walddiebe, Brakoniere und Fischer, wo sogar Lehrer und Pfarrer fischen. Sie bekommen auch den Grossteil ihres Lohns in Fischen, weshalb der amtliche Dienst hier für geringfügig gehalten wird und schlechten Ruf hat. Kultur und Zivilisation endete für einen Deutschen häufig an der Grenze des Deutschen Reiches, die Europa in Ost und West teilte. Keine Ausnahme bildete auch Glagau, der in seinen Beobachtungen auch folgende Passage wiedergibt: *„Je weiter man an der Memel stromaufwärts geht, desto schlimmer ist der Charakter der Menschen, und, bemerkenswert, desto hässlicher die Frauen."*

Die gemeinsame Ostsee-Tradition verbindet Klaipėda und Gdansk

99 GESCHICHTEN DER STADT KLAIPĖDA

KLAIPĖDA UND GDANSK

Der Vergleich Litauens mit seinen Ostseenachbarn Lettland und Estland müsste womöglich unterlassen werden. Umsomehr mit Deutschland, dessen Geschichts- und Kulturerbe im Memelland spürbar ist. Trotz der Unterschiede in der geographischen Grösse und Bevölkerungszahl weist Litauen mehr historische und kulturelle Gemeinsamkeiten mit Polen auf. Auch die Geschichtszüge der Städte Klaipėda und Gdansk sind erstaunlich ähnlich...

Im Gegensatz zu Lettland oder Estland nimmt keine Stadt eine deutlich dominierende Stellung ein. In Lettland werden andere Städte vom „Hamburg des Nordens" – Riga – in den Schatten gedrängt. In Estland überragt Tallinn die übrigen Städte. Sowohl Tallinn als auch Riga sind politische, wirtschaftliche, kulturelle und intellektuelle Zentren. In Litauen entwickeln sich die Städte gleichmässiger, und diese Gleichmässigkeit hängt mit historischen Windungen zusammen. Die historische Hauptstadt Litauens, Vilnius, wurde gleich nach Wiedererlangung der Unabhängigkeit verloren und gehörte fast zwanzig Jahre lang zu Polen. Beinahe *ex nihil* gründeten Litauer eine neue Hauptstadt – Kaunas – dessen Bedeutung sich nach dem Zweiten Weltkrieg verringerte, nachdem die Hauptstadt nach Vilnius zurückverlegt wurde. Im Laufe von zwanzig Jahren verwandelte sich Kaunas aus einer russischen Provinzstadt in die Hauptstadt eines jungen Staates mit asphaltierten Strassen, Mauerhäusern, Staatsbehörden, Banken, Krankenhäusern, Kasernen und der Universität. So zog im 16. Jahrhundert die Hauptstadt aus dem historischen Krakau nach Warschau um, weil infolge der Vereinigung der polnischen Länder das im süden liegende Krakau abseits blieb. Da im Mittelalter der Deutsche Orden die Zugänge zur Ostsee verschlossen hatte, erhielten Polen und Litauer sichere Häfen erst nach Zweiten Weltkrieg, wenn Litauen das von Deutschen „gereinigte" Klaipėda und Polen Gdansk übernahm. Beide Staaten bekamen was sie schon lange anstrebten, verloren aber dabei ihre Feiheit und gerieten unter sowjetische Herrschaft.

Kann man hier hier vielleicht über identische Linien der Geschichtsentwicklung sprechen? Ähnlichkeiten liessen sich finden. Beide Staaten verfügen über historische Hauptstädte und Herrscherresidenzen – Vilnius und Krakau, „verlegte" Hauptstädte – Kaunas und Warschau sowie deutsche Fachwerkhafenstädte – Gdansk und Klaipėda, die beide heute einen Stützpunkt der maritimen Tradition der beiden Völker an der Ostsee bilden.

Von alters her wurde hier Bernstein gesammelt

ZWISCHEN HAFF UND SAND

Der deutsche Bildungsbürger und Gelehrte Wilhelm von Humboldt schrieb: „Die Kurische Nehrung ist so merkwürdig, dass man sie eigentlich ebenso gut als Spanien und Italien gesehen haben muss, wenn einem nicht ein wunderbares Bild in der Seele fehlen soll." Nicht umsonst hat Thomas Mann die Erholung im elitären Urlaubsort Rauschen (heute Svetlogorsk) gegen das stille und subtile Nida getauscht, wo er die Geistesruhe fand.

Archäologen zufolge wanderten die ersten Bewohner im 8. Jahrtausend v. Chr. auf die Kurische Nehrung. Es handelte sich vermutlich um Jäger, die zu Symbolen Ostpreussens später gewordene Elche erbeuteten. Auf der Nehrung wurde von alters her Bernstein gesammelt und bearbeitet, der dem Historiker Tacitus des 1. Jahrhunderts zufolge zum Römischen Reich gebracht wurde. Im 19. Jahrhundert erweiterten die Nehrungsbewohner neben der traditionellen Fischerei ein altes Gewerbe und entdeckten ein neues. Die Gesellschaft „*W. Stantien & M. Becker*", die Bernstein durch Baggerei gewonnen hatte, war eine der grössten im Baltikum, und in der Mitte des 19. Jahrhunderts kamen die ersten Erholungssuchenden, die eine aussergewohnliche Ruhe und einzigartige Natur heute noch geniessen.

In der Mitte des 13. Jahrhunderts wurde die Memelburg errichtet und der nördliche Teil der Nehrung an die Komturei Memel angeschlossen. Seitdem war die Geschichte Klaipėdas und der Kurischen Nehrung nicht mehr getrennt. 1923 fiel Klaipėda und ein Teil der Kurischen Nehrung an Litauen, 1929 wurden mit dem Vertrag zwischen Deutschland und Litauen die Wasser- und Landgrenze der beiden Staaten festgelegt, die heute die Grenze Litauens und der Russischen Föderation markiert. 1939 verlor Litauen gemeinsam mit dem Memelgebiet auch die Kurische Nehrung. Als Litauen Klaipėda wieder erhielt, kam auch der nördliche Nehrungsteil hinzu. 1947–1961 ging die Kurische Nehrung in das Verwaltungsgebiet der Stadt Klaipėda ein.

Heute zeichnen sich die Nehrungsbewohner durch rege Beteiligung an den Wahlen, eine ruhige, von Wind und Wassergewalten geprägte Lebensweise, philosophische Anschauung, wenn die Stromversorgung vom Festland unterbricht, sowie durch die Überzeugung aus, dass trotz Verkehrsschwierigkeiten die Kurische Nehrung der wundervollste Ort auf der Welt ist. Für viele schöner als Spanien oder Italien.

Bis zur Mitte des 19. Jh. fuhren die Reisenden auf der Poststrasse der Kurischen Nehrung

DIE STRASSE

Früher verband die durch die Kurische Nehrung führende Strasse Preussen, Kurland, Livland und das nördliche Russland: sie diente dem Verkehr zwischen Berlin nach Sankt Petersburg. Bis zum Beginn des 19. Jahrhunderts erlebten die nach oder aus Königsberg Reisenden jähe Besonderheiten der Fahrt über die Kurische Nehrung. Das Vergnügen war gewiss nicht gross, weil die Strasse, anders als heute, dem Strand entlang verlief. Die feinen Sand tragenden Ostseewinde, die mehrere Nehrungssiedlungen verwehten, sowie der Triebsand machten die Strandfahrt sehr ermüdend nicht nur für Kutscher und Pferde, sondern auch für Reisende, die häufig in Krügen Memels übernachteten, erschöpft nach der strapazenreichen, auch von der Langeweile begleiteten Reise. Über die Nehrungsstrasse marschierten der Kreuzritter, Truppen der livländischen, russischen oder preussischen Armeen, Kaufleute transportierten ihre Güter und Schmuggelwaren. Der Nehrungsweg diente ebenfalls der Postbeförderung. Von europäischen Städten nach Sankt Petersburg reisten hierdurch viele bekannte Persönlichkeiten. Der junge russische Zar Peter I. übernachtete in Memel auf dem Weg nach Holland, wo er die Schiffsbau- und Seefahrtkunst lernte. Der französische Enzyklopädist Denis Diderot fuhr durch die Nehrung zur Kaiserin Jekaterina II. Vermutlich auch der Baron Münchhausen reiste hier von Deutschland nach Litauen, wo er während eines Festmahls mit seinem Pferd auf den Tisch sprang und kein Tellerchen zerbrach. Die Königin Luise von Preussen floh vor Napoleon nach Memel auf dem ermüdenden sandigen Strandweg.

Bis zur Grenze des russischen Kaiserreiches bei Nimmersatt standen neben der Poststrasse Krüge, in denen man essen, ausruhen und übernachten konnte. Allmählich entwickelten sich Siedlungen um diese Krüge und Poststationen, die sich oft in den Krügen selbst befanden, und der Weg prägte die Küstenlandschaft. Das Siedlungsnetz änderte sich mit dem Wandel der Verkehrsverbindung. Die Weg über die Kurische Nehrung wurde bis zur Mitte des 19. Jahrhunderts intensiv bereist, bis der Beginn der Eisenbahn-Ära die Geschichte der alten Poststrasse beendete.

Die heutigen Nehrungssiedlungen werden nun durch eine andere Strasse verbunden, die im letzten Jahrhundert nach der Rodung des uralten Waldes und der „Verschiebung" des Weges weiter vom Meer entstand. Die im 19. Jahrhundert eingesetzte Waldrodung ermöglichte die Entwicklung einer sicheren Verkehrsroute, doch die Vernichtung der Wald- und Schilfrohrbestände verursachte eine rasche Stranderosion und die Wanderung der Sanddünen sowohl in Richtung des Nehrungsweges als auch der Siedlungen. Diese Wanderung wurde von ökologisch gesinnten Menschen aufgehalten, die Reisigzäune zum Aufhalten von Sand errichteten, Bäume pflanzten und auf diese Weise eine Landschaft formten, die ein Werk der Natur und des Menschen ist.

Der Grenzpfosten, der die Grenze zwischen Russland und Preussen markierte (Nemirseta/Nimmersatt)

WAS HAT ESQUIRE JOHN CARR GESEHEN?

Reiseaufzeichnungen sind Mode in England seit der Gulliverszeit. Den Engländern war es immer eigen, zu reisen, suchen, entdecken, erfahren und Reiseberichte hinterzulassen. So durch Weltfahrten und Entdeckungen schufen die Briten ein Imperium, in dem die Sonne nie herunterging. Der Esquire John Carr, der Ende des 18. Jahrhunderts auf Reisen ging, veröffentlichte seine Reiseaufzeichnungen *„A Northern summer or travel round Baltic throught Danemark, Sweden, Russia, Prussia and part of Germany in the year 1805."* Der Weg nach Königsberg führte ihn durch Palanga und Klaipėda. John Carr beschreibt, wie in der letzten Grenzstation des russischen Reiches, in Nimmersatt (Nemirseta), ein in der Wachbude stehender Don-Kosak die Grenzkette hob, und die Reisenden betraten das ungefähr ein Kilometer breite neutrale Territorium, von dem aus mit russischen und preussischen Adlern ungeschickt bemalte Pfähle zu sehen waren. Die Reisenden konnten mit gespreizten Beinen gleichzeitig im preussischen und im russischen Staat stehen. Schade, dass damals keine Fotogeräte existierten.

Klaipėda erschien für den Engländer als schlecht gepflasterte, grosse kommerzielle Stadt, auf deren schlammbedeckten Strassen Frauen mit Ziegenlederschuhen und Seidenstrümpfen stets bis auf die Knöchel im Dreck versanken. Die Dange war voll von Schiffen, von denen aus am Markttag Butter, Kürbisse, Zwiebeln und Ostseefisch aus den Fässern verkauft wurden. Den gebildeten Briten erschütterte der in Memel gesehene Drill preussischer Soldaten. Jeden Tag fanden in der Stadt Übungen statt, bei denen die schlecht marschierenden Soldaten mit Schlägen nicht einer biegsamen Rute, sondern eines schweren Stockes überschüttet wurden. *„Mir kochte das Blut in den Adern, als ich sah, wie ein kleinwüchsiger, schiefbeiniger Offizier mit grossem dreieckigem Hut auf dem Kopf, einen Soldaten in aller Öffentlichkeit für den einfachsten, unbedeutenden Fehler mit heftigsten Schlägen übergoss. Solche Grausamkeit habe ich sogar in Russland nicht erlebt"*, konstatierte Sir John Carr...

Die Reisenden bemerkten das lebhafte Treiben der Hafenstadt
(Kupferstich von G. Waldhauer)

MEMEL AUS DEM BLICKWINKEL ROSENWALLS

In Klaipėda hielten sich früher wenige Reisende auf, die unsere Stadt ausführlicher beschrieben hätten. Es gab hier auch keine tallentierte Schriftsteller wie Günter Grass aus Gdansk, der den Puls seiner Hafenstadt lebhaft darzustellen vermochte. Kein Gdansk, kein Vilnius, kein Riga. Zuweilen auch vorüberfahrende Menschen hinterliessen Reiseendrücke. Die Verfasser selbst konnten wohl kaum denken, dass ihre Aufzeichnungen ein paar Jahrhunderte später mit grösserem Interesse als damals gelesen werden. 1814 bereiste der Russe P. Rosenwall Preussen und verfasste einige Seiten über die Stadtlandschaft Memels, seine Bewohner und ihre Bräuche: „Memel liegt in einer öden, traurigen, von der Ostsee und dem Kurischen Haff umflossenen Ebene, an den beiden Ufern der Dange, eines kleinen, langsam flessenden, aber tiefen Flüsschens, das hier in den Kanal, der das Haff mit dem Meere verbindet, fällt." Zugleich sah der Reisende die Lebhaftigkeit der Hafenstadt: „Die Menge grosser Seeschiffe, mit denen der Fluss bedeckt ist, die beladen oder ausgeladen werden, die kleineren Fahrzeuge, welche Lebensmittel und Handelsartikel der Stadt zuführen, und die hundert windmühlen, die in flotter Bewegung sind – dieses alles gibt ein so einziges Bild von Leben und Tätigkeit, dass man bald die reizlose Gegend darüber vergisst." Rosenwall war ein gebildeter Mann, gewohnt an französische Manieren der Sankt Petersburger Elite, deshalb verwunderte ihn in Memel die Nachahmung der englischen Lebensweise: „Die Memeler, welche ihre auswärtigen Geschäfte beinahe nur ausschliesslich mit den Briten treiben, sind so verliebt in die Sitten jener Inselbewohne, dass sie solche bei jeder Gelegenheit nachahmen, wobei es ohne Lächerlichkeiten nicht abgeht. Man spricht, vorzüglich in den ersten Handlungshäusern, nur englisch, isst, trinkt, spielt, vergnügt sich auf englische Art. Der Fremde, der wegen seiner Empfehlungen in eine Gesellschaft gebeten wird, kann stundenlang sich selbst überlassen dasitzen, ohne dass es jemanden einfällt, mit ihm eine Unterhaltung anzuknüpfen." Der scharfäugige Beobachter sah die Primitivität der Sitten und das intellektuelle Vakuum: „In Memel sind keine Gelehrten, ausser die wenigen, die es ex officio sein müssen, keine Künstler, keine Buchläden, keine Gemälde- und Kunstsammlungen, und überhaupt nichts, was den Geschmack verfeinern, den Geist beschäftigen und die Sitten mildern könnte. Ein hier befindliches Theater ist über alle Beschreibungen elend; auch fühlen dieses die Memeler selbst und besuchen es wenig: es bleibt den guten Frauen nichts übrig, als sich mit ihrem Putz, mit Karten und mit Stadtneueigkeiten zu beschäftigen, die denn auch in gehöriger Breite abgehandelt werden." So viel.

Die Grenzer des unabhängigen Litauens im Kampf gegen den Schmuggel. Das Motorboot „Žaibas"

DER SCHMUGGEL

Bei seinem Aufenthalt in Memel Anfang des 19. Jahrhunderts stellte der Reisende P. Rosenwall fest, dass der Schmuggelhandel hier „ungeheur und ins Unverschämte" getrieben wird, und „*die meisten Kaufleute haben grosse Magazine bei den benachbarten Gutsbesitzern, die den Transport und das Einschmuggeln der waren übernehmen. Die Kolonialwaren, die in der Regel in Preussen höher mit Abgaben belegt sind als in Russland, werden von der russischen Seite eingebracht, dagegen die Manufakturwaren von Memel nach Russland eingeschmuggelt werden.*" Da die Bevölkerung Russlands einen riesigen Abnahmemarkt für verschiedene allgemeine Gebrauchsgüter darstellte, funktionierte der illegale Warenumschlag an der Grenze bei Memel effizient, und die Zöllner waren so erbärmlich besoldet, „*dass diese Leute eine übermenschliche Tugend besitzen müssten, wenn sie auf die Gefahr zu verhungern unbestechlich bleiben sollten. Ausserdem lassen auch die Kosaken, die an der Grenze stehen, mit sich handeln.*" Im Krug Feinstein in Nimmersatt versammelten sich Männer und warteten auf Aufträge, weil der Weitertransport der Schmuggelwaren einen besseren Verdienst einbrachte als der schwierige Fischerberuf. Bewohner des Grenzgebietes konnten beide Beschäftigungen vereinbaren: nachts beförderten die Fischer Sprit, Zigaretten und sonstige Gütiger auf ihren Booten und fischten tagsüber. Der Schmuggeltransport war für bestimmte Grenzbewohner zum gewinnbringenden Geschäft geworden.

Dieses illegale Geschäft dauerte auch nach der Angliederung des Memellandes an Litauen fort. Über die Meeresgrenze wurde massenweise Sprit mit Segel- und Ruderbooten gebracht, doch im Laufe des gesamten Jahres 1923 haben die schwach vorbereiteten litauischen Grenzer lediglich ein Ruderboot festgehalten. Keinen beladenen Pferdewagen oder Schlitten. Wie sich der Geisteswissenschaftler Bronys Savukynas erinnerte, wurde Butter in Fahrradrahmen nach Deutschland geschmuggelt: der Fahrradsitz wurde abgenommen und geschmolzene Butter hineingegossen, und, nachdem man die Grenze passierte, aufgewärmt und hinausgegossen. Pferde wurden auf die Boote gelegt und über das Haff gebracht. Nachdem aber die Grenzpolizei die Grenzbewachung übernommen hatte, wurden binnen eines Jahres 1924, ausser Geld, 16 Segel- und Ruderboote, 12 Pferdewagen und Schlitten, 10 bespannte Pferde beschlagnahmt. Der Grenzschutz der jungen Republik Litauen leitete den Kampf gegen den Schmuggel ein, den Kampf, der heute weiter geht, schon mit dem Einsatz anderer technischer und logistischer Mittel.

Die lebhafte Stadt

DIE EINWOHNER

Im Mittelalter war die Einwohnerzahl Klaipėdas gering. Im 14. Jahrhundert zählte Gdansk so viele Einwohner wie Klaipėda Anfang des 19. Jahrhunderts. Im 17. Jahrhundert lebten in der Stadt kaum 1 000 Menschen (sogar für das Mittelalter ist es zu wenig), dagegen stieg ihre Anzahl im 18. Jahrhundert bis auf ca. 6 000. Klaipėda war die Stadt eines militärischen Ordens, keine von Kaufleuten verwaltete Stadt, die von den wichtigsten Handelsrouten unberührt blieb. Die Einwohnerzahl hängt mit Unterhaltsbedingungen zusammen. Wenn sie nicht zufriedenstellend sind, migrieren die Bewohner dort, wo es besser ist. Die Entwicklung der Bevölkerungszahl war auch mit Epidemien verbunden, die im Mittelalter und in der Neuzeit wüteten. Der „Schwarze Tod", der ein Drittel der Bevölkerung Europas im 14. Jahrhundert dahinraffte, verschonte Klaipėda, ging aber Anfang des 18. Jahrhunderts nicht an Klein-Litauen vorbei. Seitdem war die Anzahl der Deutschen in Klein-Litauen stark angestiegen. Krankheiten und unhygienische Lebensbedingungen verursachten hohe Sterblichkeit. Vor dem Besuch des preussischen König im Jahre 1802 brachten die Städter riesengrosse Misthaufen vom Steintor weg. Nachdem sich im 19. Jahrhundert sanitäre Verhältnisse und die Pflege der Wöchnerinnen verbessert hatten, Impfungen dank Robert Koch, der Ende 19. Jahrhunderts nach Klaipėda kam, erfunden und der Ursprung der Bakterien ermittelt wurde, begann die Bevölkerungszahl in Europa deutlich zu wachsen. 1810 lebten in Klaipėda 6 429 Einwohner, 1815 zählte man 7 766, 1831 – 8 601 und 1849 – 10 237 Einwohner. Nachdem dem Anschluss des Vorortes Vitte 1861 erhöhte sich diese Zahl bis auf 17 490. 1897 lebten in der Stadt 19 718 Bewohner, 1900 – 20 166. Allerdings zählte das benachbarte Liepaja damals ca 65 000 Bewohner.

Am Ende des Zweiten Weltkriegs lebten in Klaipėda 40 000 Einwohner, denen Hitler die Stadt zu verlassen befahl. Nach dem Krieg wurde die leere Stadt rasch besiedelt. Laut der Volkszählung von 1959 lebten in Klaipėda 89 923 Bewohner, davon ca. 55 % Litauer und 36 % Russen. 1970 betrug die Bevölkerungszahl der Stadt 170 000, nach neun Jahren schon 175 000, und die Angaben der letzten sowjetischen Volkszählung von 1989 zeigten, dass in Klaipėda damals 202 900 Bewohner lebten (davon 62 % Litauer und ca. 28 % Russischsprachige). Nach der Wiedererlangung der litauischen Unabhängigkeit reisten die Familien der russischen Militärangehörigen und ein Teil der russischsprachigen Bevölkerung von Klaipėda nach Russland aus. Beim Rückgang der Geburtenzahl schrumpft der Einwohnerbestand, und Migrationsprozesse finden statt. Die Menschen verlassen ihre Geburtsorte auf der Suche nach einem mehr verwandten Kultur- und Sprachenumfeld, ebenso nach einem besseren Lebensstandard. Doch dieser Prozess ist natürlich – Europa wurde von Migranten geschaffen.

Das alte Feuerwehrhaus fiel 1981

DAS FEUERWEHRHAUS

An dieser Stelle, wo heute das vom Architekten Gytis Tiškus projektierte und in die urbane Landschaft hinein komponierte Hotel „Klaipėda" steht, befand sich früher das alte Feuerwehrhaus. 1976 wurde das Lenin-Denkmal in Klaipėda errichtet und somit die Formierung des Lenin-Platzes abgeschlossen. Das alte, in der deutschen Zeit erbaute Feuerwehrhaus passte nicht mehr zum neu geschaffenen ideologischen Raum. Es gibt keinen Lenin-Platz und kein Denkmal mehr. Die Anlage des Hotels „Klaipėda" fällt dominierend in der Stadtpanorama auf. Die Geschichte der Niederreissung des Feuerwehrhauses, das 1855–1856 nach dem Grossen Brand entstanden war, kann man als ungewohenlich bezeichnen. Es handelte sich um ein einzigartiges Gebäude im Stadtzentrum Klaipėdas: neben dem Hauptturm standen zwei Pferdeställe, im Turm hingen eine Glocke, mit der Feuersbrünste an die Stadtbewohner verkündet wurden, und eine Uhr, die auch als Rathausuhr diente. Nach Berlin war das Feuerwehrhaus von Klaipėda das erste professionelle Feuerwehrhaus im Königreich Preussen. Die vom Maler Vaclovas Rimkus und Historiker Jonas Tatoris aufgerufenen Maler, Architekten, Schauspieler, Kunstforscher Klaipėdas bemühten sich um die Rettung des Feuerwehrhauses, das sich auf natürliche Weise mit dem Rathaus-Ensemble verband, und sandten einen Brief an das Zentralkomitee der Litauischen Kommunistenpartei und den Ministerrat: *„Wir empfehlen, das Feuerwehrhaus wissenschaftlich zu erforschen, zu restaurieren und als Feuerwehrmuseum oder für einen anderen Zweck nutzen. Wir sind nicht gegen einen Neubau. Unserer Ansicht nach, sollte das neue architektonische Werk in die alte Architektur hinein kompniert werden, und wir sind davon überzeugt, dass der Lenin-Platz unserer Stadt sich dadurch nur schmücken könnte, was unsere Geschicktheit und Liebe für die Stadt zeigen wurde und wofür uns die kommenden Generationen dankbar wären."* Doch das Feuerwerhaus, dass nicht wenige Kriege überdauerte, fiel im Winter 1981, und nach ein paar Jahren stand an seiner Stelle schon das neue Hotel.

Sogar die Vorgänge des sowjetischen Vandalismus in Klaipėda waren mit guten Vorsätzen gepflastert. So entstand 1977 anstelle des alten Stadtfriedhofs der Mažvydas-Skulpturenpark. Dionyzas Varkalis sammelte originale Kreuze und Zaunüberreste aus dem abzutragenden Friedhof, die heute im Schmiedereimuseum zu sehen sind. Wer hatte damals recht: die Behörden, die einen Park für die Stadtbewohner schufen, oder der Schmied Varkalis? Es möge eine rethorische Frage bleiben. Und die 1856 von Berliner Meistern hergestellte Uhr des alten Feuerwehrhauses von Klaipėda wird heute im Uhrenmuseum aufbewahrt.

Ohne J. Sembritzki wäre Klaipėdas Geschichte von Nebel umgeben

DER HISTORIKER

Manchmal hinterlassen nicht mit Wörterbüchern und Enzyklopädien bewappnete Fachleute, sondern Laien, selbst gebildete Personen und bescheidene Landeskundler deutlichste Spuren in den geisteswissenschaftlichen Bereichen. Oftmals bleibt für die Spezialisten, die mit der Quellen- und Dokumentenforschung beschäftigt sind, keine Zeit zum Verfassen eines Werkes mehr übrig. Bisher haben wir keine konsequent verfasste Geschichte Klaipėdas von der alten Zeit bis zu unseren Tagen, deshalb bleiben die Studien von Carl Johannes Sembritzki neben dem Buch „Das alte Klaipėda" von Jonas Tatoris als Handbücher für jene bestehen, die sich für die ältere Geschichte der Stadt und des Kreises Klaipėda interessieren.

Johannes Sembritzki wurde in einer Lehrerfamilie in Masuren geboren, einem Land, wo sich Religionen, Sprachen und Kulturen verflochten. Er erblickte das Licht der Welt im Jahr 1856, als Klaipėda sich von dem Grossen Brand, der den grössten Teil der Altstadt und die Siedlung Vitte vernichtete, noch nicht erholt hatte. Er starb am 8. März 1919, einige Monate vor dem Abschluss des Versailler Vertrags, mit dem Klaipėda von Deutschland abgetrennt wurde. Nach dem Militärdienst bestand Sembritzki die Prüfungen des Apothekergehilfen, leistete das Praktikum ab und kam 1880 nach Klaipėda. Hier gründete er eine Familie. Fast zwanzig Jahre lang reiste Sembritzki beruflich durch Städte und Orte Masurens, Kaschubeis, Schlesiens und überall, wohin ihn auch das Schicksal verschlug, interessierte er sich für die örtliche Geschichte, Sitten und Bräuche, Literatur. 1893 liess sich Sembritzki wieder in Klaipėda nieder und mit berufseigener Akribie begann die Unterlagen des Stadtarchivs zu sammeln und katalogisieren. Johannes Sembritzki stellte sich eine anspruchsvolle Aufgabe: wiederherzustellen, wie die Klaipedaer „dachten und sprachen, lebten und arbeiteten und wie allmählich das entstand, was wir heute besitzen." Nach dem Verschwinden der Stadtarchive sind seine Bücher wohl die einzige Geschichtsquelle der Stadt Klaipėda. Ohne Sembritzki würden wir nicht wissen, dass der Kirchenlieder- dichter Christian Schwarz, der Memel lebte, neben seinen Kirchenliedern auch die Liebesverse über „Amaranthe's schöne Brüste" hinterliess. Wir wüssten auch nicht, dass zu den Dienstverstössen des Regierungsrates Karl Glave „Peitschen von gänzlich entblössten Verbrecher war, wobei die Wunden mit Sprit begossen wurden", gehörte. Wir wüssten nicht, dass jeder, der Stadtbürger werden wollte, zwei Brandlöscheimer besitzen musste... Er verfasste Bücher, ohne die unser wissen von Klaipėda viel kümmerlicher wäre. Und er hat von unserer Stadt so viel geschrieben wie es kein anderer professioneller Historiker vor ihm und nach ihm getan hatte: „Genealogische Nach- richten über Adel und Bürgertum in Memel", „Geschichte der Königlich Preussischen See- und Handelsstadt Memel", „Memel im 19. Jahrhundert", „Geschichte des Kreises Memel".

Die erwerbstätigen Stadtbürger nahmen im Sommer keinen Urlaub

BESONDERHEITEN DER FREIZEIT IN KLAIPĖDA

Vor dem Krieg spazierten verliebte Pärchen meistens auf der Wienerpromenade, die nach Tauerlauken führte, oder am Aschhof, wo im Frühjahr Fliederduft und im Sommer das Aroma der Rosenbüsche betäubte. Und natürlich, wie auch heute, zogen sie ans Meer. Bis zum Restaurant „Strandvilla" fuhr die Strassenbahn, und von dorthin war der Strand schon nah. Der bohemische Schriftsteller und Journalist der Zeitung „Vakarai" („Der West"), Pulgis Andriušis, beschrieb folgende Freizeitvergnügungen der Städter:

„In welcher anderen Stadt Litauens findet man eine solche romantische Winterpromenade wie die Strecke durch den alten Kiefernwald von den Kasernen hin bis zum Leuchtturm in Melnragė, wo sich am frostigen Sonntagmorgen der Strom von Klaipedaer Stadtbürgern ergoss, Hasen und Rehe scheuchte und am Ende des Spaziergangs die warm geheizte Waldgaststätte aufsuchte, wo Musik spielte und klinisch saubere Kellnerinnen den besten Kaffee in ganz Klaipėda servierten? Im Sommer endete dieser Spaziergang ein Stück weiter, im Restaurant am Kai, wo bei gutem Wetter Tische auf das flache Dach hinausgetragen wurden und die ein- und auslaufenden Schiffe aus fremden Ländern mit den Masten beinahe die Ellbogen der Kaffeetrinker streiften."

In Klaipėda waren nicht nur die Beamten gescheit. Im Sommer nahmen die werktätigen Stadtbewohner keinen Urlaub. Warum auch? Sommertage sind lang, nach der Arbeit kann man immer nach Melnragė oder Smiltynė fahren. Örtliche Beamten verwöhnten sich gerne stundenlang am Strand, weil „fast alle hier Familienhütten besassen und sie nicht nur zum Umziehen wie in Palanga nutzten, sondern auch Würstchen auf dem Primus kochten, Karten spielten, ein Tässchen Schnaps tranken oder am Bier nippten; an Wochenenden übernachtete man hier auch."

Die eigenartige Anziehungskraft des von der Zivilisation wenig berührten Smiltynė blieb bis zum heutigen Tage erhalten, wenn dagegen Melnragė, das unter der Verschmutzung durch das verunglückte Tankerschiff „Globe Assimi" litt, vom expandieren Hafen gedrängt wird und für die Massenerholung zugänglich ist, hat ihre natürliche Schönheit verloren. Man behauptet zwar, dass die Globalisierung Grenzen und Entfernungen schrumpfen lässt, doch haben die Klaipedaer heute einen längeren Weg zu den Stränden von Melnragė zurückzulegen als in Pulgis Andriušis Zeit.

Memel — Mellneraggen Badestrand

Die Mellneragger versorgten das ganze Klaipėda mit frischem Fisch

MELNRAGĖ

Der Name „Melnragė" (Mellneraggen) wird von kurisch-lettischen Wörtern abgeleitet: *Melns* bedeutet „schwarz" und *rags* „Horn" oder „Haken", weil vom Schiff aus der bewaldete Strand von Melnragė dunkel und schwarz aussah. Deutsche haben den Siedlungsnamen nicht verändert und benutzten den ähnlich klingenden *Mellneraggen*. Bis zum Anfang des 20. Jahrhunderts war Melnragė wenig besiedelt: 1833 lebten hier nur 109 Einwohnern. 1796 wurde hier der Leuchtturm errichtet, die die Schifffahrt nahe Klaipėda erleichterte. Der Wert des sandigen Landes war im Gegensatz zu heutigen Preisen sehr gering. Die Männer fischten, die Frauen waren mit der Bepflanzung und Pflege von jungen Waldanlagen beschäftigt. Die Mellneragger versorgten das ganze Klaipėda mit frischem Fisch, das sie auf dem Fischmarkt neben dem Festungsgraben verkauften. Vor hundert Jahren kamen sogar Lachs und Stör vor. 1904–1906 kreuzten bei Melnragė riesengrosse Heringsschwärme auf, die von Möwen, Robben und Delfinen verfolgt wurden. An diesen fischreichen Tagen zogen Melnragės Fischer mehr als 1000 Zentner Fisch an den Strand und versorgten damit die ganze Umgebung von Klaipėda. Als der Strandurlaub an Beliebtheit zunahm, boten die Eigentümer der umliegenden grösseren Häuser Unterkunft für Sommerfrischler. In der Zwischenkriegszeit liessen sich Industrieelle, Kaufleute, Angestellte aus Klaipėda hier Häuser bauen, in denen sie die Wochenenden verbrachten oder an Urlauber vermieteten. Die sandige Dorfsstrasse wurde mit Steinen gepflastert, elektrischer Strom und Bus von der Stadt erreichten die Siedlung. Als die Zahl der Einwohner von Giruliai und Melnragė 2 000 überschritten hatte, wurde ein Bürgermeister eingesetzt. Charles Gott, Stauermeister im Hafen, bekleidete als erster dieses Amt. Vor dem Krieg verkehrte auch die Strassenbahn nach Melnragė, den beliebten Ausflugs- und Urlaubsort der Stadtbewohner, vom Stadtzentrum bis zum Leuchtturm. Nach dem Ende des Zweiten Weltkriegs bot Melnragė den einzigen Zugang zum Meer, weil Smiltynė (Sandkrug) von Grenzern zum Sperrgebiet erklärt wurde und keine Fähre dort anlegen durfte. Kinder der Neusiedler Klaipėdas haben hier zum ersten Mal die Weiten des Meeres erblickt...

Fast eine Idylle...

DEUTSCHE ORDNUNG

Zur Hervorhebung einer besonderen Sauberkeit und Ordnung verwenden Litauer den Ausdruck „deutsche Ordnung". Es ist auch wahr. Die meisten Orte Deutschlands sind gut gepflegt. In der Sowjetzeit galt Klaipėda als die sauberste Stadt in Litauen. Es wäre naiv zu denken, dass die deutsche Tradition auf diese Weise fortgeführt wurde. Dieser Umstand wäre wohl auf die Bebauungsstruktur der Stadt und die vorherrschenden Westwinde, die ihre Korrekturen einbrachten, zurückzuführen. Schliesslich wurden auch die Häuser, anders als in übrigen litauischen Städten, nicht aus Holz, sondern aus Ziegeln und Steinen gebaut. Das Meeresklima forderte die Verwendung von beständigem, langlebigem Material. Die Stadtbewohnerin Kalinauskienė, die in der Mitte der 30-er Jahre hier aus Mažeikiai übersiedelte, erinnert sich, dass „*die Stadt Klaipėda unglaublich sauber war. Auf den Bürgersteigen sah man kein Zigarettenstümpel oder Streichholz. Falls manchmal etwas hinuntergeworfen lag, so wäre es wohl den Vorbeireisenden zuzuschreiben. Zunächst staunte ich, wenn ich morgens auf der Strasse ein Glöckchen klingen hörte. So erfuhr man, dass Milch schon ausgefahren wird. Der Wagen rollt etwa 5–7 Meter, und das Pferd wird an einem Haus angehalten. Der Hausbewohner kommt mit der Kanne hinaus und kauft Milch. Es war auch üblich, dass der Milchausführer zur Hausdiele geht und nachsieht, ob eine Milchkanne auf dem Fensterbrett steht. Dann schaut er unter die Kanne: wie viele Centas dort liegen, für so viel giesst er Milch ein. Man kommt von der Arbeit zurück und findet Milch auf dem Fensterbrett. Morgens wurden auch frische Brötchen von der Bäckerei ausgefahren, fünf-sechs Centas für eines. Fischerfrauen verkauften Fisch von Haus zu Haus, Gemüseverkaufer boten Kartoffeln, Kirschen, Gurken an. Aus den Dielen traten Hausfrauen und erstanden gleich hier frischen Fisch (…). Sonntags gingen ortsansässige Deutsche am frühen Morgen in die Krüge. Männer mit dunkelblauen Anzügen angekleidet, mit Hüten, an denen Bände angebunden waren. Frauen mit Festtagskleidern, langen Röcken, mit Hüten. Am Sonntagmorgen läuteten alle Kirchenglocken in Klaipėda. Dieses Glockengeläut stimmte sehr feierlich.*" Der Alltag im Vorkriegsklaipeda, der von brutalen Ereignissen des 20. Jahrhunderts vernichtet wurde, klingt in den Erzählungen der Zeitzeugen idyllisch und nostalgisch. Doch sogar in unserem rationellen und modernen 21. Jahrhundert verwundert die Alltagskultur der damaligen Stadtbürger immer noch.

Smiltynė bleibt ein Anziehungspunkt

SMILTYNĖ

Wohl kaum würde man in einer anderen Küstenstadt Europas Strände dieser Breite finden, wo man sich sogar an heissen Sommerwochenenden ein paar hundert Meter entfernt von den Nachbarn niederlassen kann. Fahrradwege führen die Städter bis nach Nidden. Schnelle fünfzehn Minuten auf der Fähre, und gedanklich sowie körperlich kann man sich vor dem dröhnenden Stadtlärm verstecken. Smiltynė, vor dem Krieg *Sandkrug* genannt, wird seit dem 16. Jahrhundert unter dem Namen *Sandberg* in historischen Quellen erwähnt. Wenn Stürme oder Eisgang die Überfahrt über das Haff Richtung Memel verhinderten, mussten die Reisenden an der anderen Haffseite einige Tage oder sogar Wochen warten. Der auf einem Hügel stehende Krug, von dem sich der Name *Sandkrug* ableitet, bot Unterkunft für Kaufleute, Postboten und sonstiges reisende Publikum. Später wurde der Ort zum litauischen Smiltynė umbenannt und zu einem Grenzsperrgebiet nach dem Zweiten Weltkrieg erklärt. Für eine Zeit lang durften die Klaipedaer dieses Haffseite nicht betreten. Nach dem Krieg war Smiltynė auch gefährlich: in den Wäldern lauerten zahlreiche in deutschen Bunkern und Schützengräben zurückgelassene Sprengstoffe, von denen der Wald sich mehrmals in Brand setzte.

Früher war Smiltynė mehr von Sandverwehungen als Bränden gefährdet. An der festgelegten Düne *„Hagens Höh"* steht in Smiltynė ein bescheidenes Denkmal für Ludwig Gotthilf Hagen, anhand dessen Methode die Dünenbepflanzug erfolgte. Vor dem Beginn umfassender Aufforstungsarbeiten wanderten die Häuser der Sandkrugbewohner und der Krug von einer Stelle zu anderen. Der japanische Schriftsteller Kobo Abe hätte die Helden seines Romans „Die Frau in den Dünen" auch in Smiltynė ansiedeln können... Seit Beginn des 20. Jahrhunderts entwickelte sich Smiltynė als Erholungsort, in dem Strandcafes, Villen der reichen Stadtbürger und das auf den Vorkriegspostkarten oft geschilderte Kurhaus entstanden.

Ein Stückchen der holländischen Landschaft in Kleinlitauen

DER WILHELM-KANAL

Das 19. Jahrhundert in Europa war durch den Sprung der industriellen Modernisierung gekennzeichnet: Fabriken, Bergbauminen, Arbeitersiedlungen, Eisenbahnen, elektrischer Strom, Innenverbrennungsmotor, künstliche Kanäle. Klaipėda, das nach dem deutsch-französischen Krieg Teil des vereinigten Deutschen Reich wurde, hat die Vorteile der grossen industriellen Revolutionen ebenfalls genossen.

Die Spazierlustigen können auf dem Chaussee zwischen Klaipėda und dem Wilhelm-Kanal wandeln, aus dem Wasser für die Bewohner der südlichen Stadtviertel entnommen wird. Man schreitet an illegal bebaute Gartengrundstücke vorbei und schaut sich Gebäude der sowjetischen Zeit sowie Ziegelsteinüberreste der Bauernhöfe. Im Herbst 1865 wurde die 8 km lange Strecke von Lankupiai (Lankuppen) bis Dreverna (Drawöhnen) fertiggestellt und der letzte 15 km lange Abschnitt des Kanals von Dreverna bis Smeltė (Schmelz) durch französische Kriegsgefangene unter der Leitung deutscher Ingenieure 1871–1873 gegraben. Am 17. September 1873 wurdem dem Kanal der Name des Königs Wilhelm verliehen. Heute ist der Wilhelm-Kanal seichter und kleiner geworden. Gleich nach der Fertigstellung war es 15–19 Meter breit und 1,6 Meter tief. Über den Kanal wurden zehn Brücken erbaut, auf deren oberem Teil mehr als 1 Meter breite öffenbare Lücken eingerichtet wurden. Ein Stück der holländischen Landschaft in der kleinlitauischen Ebene. Diesen Kanal konnten Schiffe mit 1,25 Meter Tiefgang und 3,77 Meter Höhe passieren. Flösse und Papierholztransporte wurden vom Nemunas zum Holzhafen in Smeltė gezogen, wo sich die Holzlager befanden.

Der Wilhelm-Kanal kann wohl nicht dem Elblag-Ostroda oder Liverpool-Leeds Kanal gleichgestellt werden, jedoch ist es der einzige Wasserweg dieser Art und Länge mit der einzigen Schleuse in Litauen.

Auf die nächste Fahrt wartend...

NAVIGARE NOCESSE EST

„Navigare necesse est". Seefahren ist nötig. Dies behaupteten die alten Römer. 1657 hat der preussische König Friedrich Wilhelm Memel das Freihandels- und Schiffsbaurecht verliehen. Der Bau von seetüchtigen Segelschiffen wurde begonnen, von denen eines *„Die Stadt Memel"* genannt wurde. Bisher haben die preussischen Herrschern unter dem Einfluss der Königsberger Kaufleute die Genehmigung für den Seehandel und Schiffsbau verweigert. In der zweiten Hälfte des 18. Jahrhunderts machte Memel einen weiteren Schritt Richtung einer Seestadt: der Hafen und der Dangefluss wurden vertieft und der Stadtleuchtturm errichtet. An der Dange entstanden Segelschiffswerften. 1801 zählte der Memeler Hafen 27 in den Stadtwerften gebaute Segelschiffe, die zum Jahrhundertsende von Dampfern verdrängt wurden. Der erste Seedampfer errichte die Stadt im Jahr 1824. Die ersten Holzschiffe mit 130 BRT, die unter der Flagge Litauens fuhren, erreichten Klaipėda 1923. Nach der Angliederung des Memellandes konkurrierten litauische Unternehmer mit deutschen Reedereigesellschaften durch Gründung eigener Aktiengesellschaften, doch weder „Lietgar" noch „Sandėlys" hatten keinen grösseren Erfolg, bis sich die litauische Regierung einmischte. Der grösste litauische Exporteur AG „Maistas" wurde zur Anschaffung von Schiffen verpflichtet, und 1936 wurde die Reederei „Lietuvos Baltijos Loydas", gegrundet, in der das Staatskapital dominierte und deren Vorstand sich aus den Direktoren der Monopolunternehmen „Maistas", „Lietūkis", „Pieno centras" zusammensetzte. Unter der litauischen Flagge fuhren die Reedereischiffe „Maistas", „Utena", „Šiauliai", „Kretinga", „Marijampolė", „Kaunas", „Panevėžys", und erst die sowjetische Okkupation und der Krieg verschlossen dem Schiff „Trakai" den Weg in den Bestimmungshafen. Nach dem Verlust Klaipėdas wurden die litauischen Schiffe in anderen Häfen umregistriert. Ein Teil von ihnen geriet in den Kriegsjahren auf den Ostseegrund. Die litauische Fahne wehte im Hafen Klaipėda im Sommer 1991 wieder, als die ehemalige Handelsflotte Sowjetlitauens in die Bilanz der Seehandelsflotte des wieder unabhängigen Litauen übernommen wurde. Die am Internationalen Fährhafen anlegenden „Klaipėda" und „Kaunas" wurden in das *Guiness-Rekordbuch* als die weltgrössten Eisenbahnfähren eingetragen.

Das erste Ozeanschiff der Schiffswerft „Lindenau" wurde am 12. Oktober 1922 vom Stapel gelassen

LINDENAU

1919, gleich vor der Abtrennung des Gebietes von Deutschland, wurde in Klaipėda die *"Schiffswerft Memel-Lindenau und Co, Eisen-und Holzschiffbau, Maschinenfabrik und Giesserei"*, besser bekannt als Schiffswerft Lindenau, in Betrieb genommen. Zunächst befand es sich in Smeltė und wurde später zum rechten Dangeufer verlegt, wo heute das Kreuzfahrtterminal liegt. Am 13. Oktober 1922 wurde in der Werft, die damals etwa 300 Mitarbeiter hatte, das erste grosse 1,424 BRT Trockenfrachter „Cattaro" vom Stapel gelassen. Die Schwiffswerft Lindenau gehörte zu den wichtigsten Betrieben der Stadt und spezialisierte sich nicht nur auf Schiffsbau- und reparatur, sondern stellte auch Flugzeugteile und Autobusse her. In der Lindenau-Werft wurde das Schnellboot „Partizanas" für die litauische Grenzwache gebaut. 1927 lief die Fähre „Memel", die zur Beförderung der Passagiere nach Sandkrug diente, vom Stapel, und sechs Jahre später die Fähre „Sandkrug". Die Vorkriegsstädter errinerten sich noch lange an das Ausflugsschiff „Kurische Nehrung", das ca. 100 Passagiere für die Rundfahrten auf dem Kurischen Haff aufnehmen konnte und ein herrliches Restaurant besass. Das Schiff, das eine Geschwindigkeit bis zu 14 Knoten entwickeln konnte und einen kaum 1,50 m Tiefgang hatte, war beweglich genug, um in engen Buchten bei Sarkau manövrieren zu können. Die letzte beeindruckendste und grösste Schöpfung der Werft Lindenau war das 2 000 Passagiere umfassende und für Ostsee-Kreuzfahrten bestimmte komfortable Kreuzfahrtschiff „Helgoland" (2,947 BRT).

Im Sommer 1944, als die Front sich näherte, wurde mit der Evakurierung der Lindenau-Werft begonnen. Nach Pillau (heute Baltijsk) wurden die schwimmenden Docks gezogen, die Maschinen demontiert und die Überreste der half abgetragenen Werftsbauten beim Rückzug gesprengt. Lediglich die Palle war erhalten geblieben und ist heute noch vorhanden. 1945 entstand auf dem Gelände der Lindenau-Werft der Schiffswerft.

Wenn man auf der Ostsee-Fähre von Klaipėda kommend in Kiel einfährt, sieht man im beiderseits des Kanals liegenden Hafen, auf dem Gelände des ehemaligen Artilleriearsenals, die Anlagen der *Lindenau GmbH- Schiffswerft und Maschinenfabrik*. Die frühere Schiffswerft von Memel/Klaipėda, die vom Ingenieur und Schiffsbauer Paul Willy Lindenau aus Wehlau gegründet wurde, fand ihren neuen Standort.

Die Brücke über die Dangė in Janischken/Joniškė

DIE EISENBAHN

„Der Zug selbst stellt nichts Besonderes dar – es ist lediglich eine Maschine", schrieb der italienische Schriftsteller Alessandro Baricco. „Genial war aber eines: diese Maschine erzeugte keine Kraft, sondern etwas schwer Begreifliche, etwas, was bisher nicht existierte: die Geschwindigkeit." Das Eisenbahnnetz zeichnete die Trajektorien der geographischen Karten um und liess gewöhnliche Chausseen und an sie lehnende Siedlungen beiseite. 1871 sandten die Kaufleute Memels aus Befürchtung, dass nach der Fertigstellung der Eisenbahnstrecke Libau-Kaunas durch Russland die Hafenstadt abgeschnitten wird, ein Ersuchen nach Berlin um die Erlaubnis, den Bau der Eisenbahnstrecke Tilsit-Memel unverzüglich zu beginnen. Sie erhielten eine positive Antwort. Beim Betrachten alter Photographien kann man feststellen, dass der Eisenbahnhof Memel/Klaipėda seit der Erbauungszeit sich wenig verändert hat, als Deutschland von der industriellen Revolution mitgerissen wurde. Genauso wie die kleineren, doch immerhin auffallenden Eisenbahnhöfe Rimkai, (früher Carslberg), Priekulė (Prökuls) oder Šilutė (Heydekrug), die an die Zeiten der grossen Umbrüche in Europa erinnern.

1874 wurden umfangreiche Eisenbahnbauarbeiten durchgeführt, eine Brücke über die Dange in Joniškė (Janischken) entstand, und im nächsten Jahr wurde die Eisenbahnstrecke Klaipėda–Pagėgiai fertiggestellt, die memelländische Ortschaften wie Perlen auf eine Kette fädelte und sie an Ostpreussen band, als der Bau der Brücke über Nemunas (Memel) abgeschlossen wurde. 1892 entstand die Eisenbahnstrecke Klaipėda–Bajorai, auf der am Abend des 9. Januar 1923 litauische Aufständische erschienen. Übrigens mussten die Aufständischen während der Operation Klaipėda das lettische Territorium über Mažeikiai betreten, weil die jetzt so oft befahrene Strecke Šiauliai–Klaipėda später gebaut wurde. Das Memelland war durch Eisenbahnarterien mit Deutschland, nicht mit Litauen verbunden, deshalb bauteman nach der Übernahme des Gebietes 1924–1932 die Eisenbahnstrecke Kužiai–Telšiai–Kretinga. Während der darauffolgenden Okkupation wurde die Verwaltung der litauischen Eisenbahn nach Riga verlegt, wo litauische Interessen keine Beachtung fanden. Neue politische Winde und Kalkulationen der wirtschaftlichen Profitabilität haben am ausgehenden 20. Jahrhundert die Eisenbahntrajektorien des 19. Jahrhunderts im Memelland nicht mehr umgezeichnet, sondern die Reisemöglichkeiten zu den Nachbarn eingeschränkt. Keine Zugverbindung nach Königsberg oder Riga blieb bestehen.

Vor dem Krieg flogen die Flugzeuge aus Klaipėda nach Königsberg, Riga und Tallinn

DIE FLIEGER

Das Memelland ist mit den Namen berühmter Piloten eng verbunden. Ein Atlantik-Besieger beteiligte sich am Aufstand von 1923. Feliksas Vaitkus, der den Atlantischen Ozean überquerte, besuchte mehrmals die Hafenstadt. Obwohl heute die Klaipedaer vom Flughafen Palanga fliegen, landeten vor etwa 20 Jahren die Flugzeuge noch auf dem Grasweg neben der Autobahn Klaipėda–Kaunas. Der Flug von Vilnius nach Klaipėda dauerte damals 45 Minuten und kostete 9 Rubeln.

1933–1939 existierte in Nida eine Segelfliegerschule. Hinter der Grenze, über den Sanddünen der Kurischen Nehrung, bereiteten sich deutsche Luftasse für künftige Kämpfe vor. Der berühmteste von ihnen war Horst Adomeit, der einen litauisch klingenden Namen trug und 166 Luftsiege erreichte. Am frühen Morgen des 22. Juni 1941 flog der Messerschmitt-Geschwader „Grünes Herz" unter der Leitung von Horst Adomeit vom Flughafen Klaipėda beim Gut Rumpischken zur Bombardierung der Stadt Kaunas ab... Am Kriegsende wurde Klaipėda vom Schlachtgeschwader „*Immelmann*" unter der Leitung des legendären Majors Hans Rudel verteidigt, der in der Ostfront 519 Sowjetpanzer abgeschossen hatte.

Der Flughafen wurde an einem nicht bebauten und ebenen Platz nahe des Guts Rumpischken in den Jahren des Ersten Weltkriegs eingerichtet. Hier verlief die Eisenbahn, Flugzeughallen und ein Haus für Piloten wurden gebaut. Vor dem Anschluss des Memellandes landeten hier Luftpostflugzeuge, welche die Postlinie Gdansk–Riga bedienten. 1924 wurde die Luftverkehrsstrecke Berlin–Klaipėda–Kaunas eingerichtet. Bis 1928 war Klaipėda mit Königsberg, Riga und Tallinn durch eine Luftpostbrücke verbunden.

1896 wurde in Klaipėda ein weiterer Luftass litauischer Herkunft geboren – Christian Kairies. Im Ersten Weltkrieg gewann er sieben Luftsiege über Frankreich, wurde aber am Kriegsende abgeschossen. Mit dem Namen eines anderen Luftasses, der kurz in Klaipėda lebte, Piloten der legendären Königlich Preussischen Jagdstaffel Kurt Wolf, der im Ersten Weltkrieg 33 Siege erreichte und 1917 gefallen war, wurde die jetzige Butkų Juzės Strasse benannt; der Schriftsteller hatte mit der Aviation nichts zu tun.

In den Restaurants Klaipėdas mangelte es nicht an Besuchern

KRÜGE UND GASTSTÄTTEN

Die ersten Krüge in Memel entstanden in der Zeit des Deutschen Ordens. Die Krüge standen an der Poststrasse der Kurischen Nehrung. In den Krügen von Schmelz, Althof und Vitte wurde Bier gebraut und verkauft, Beamten, Soldate und sonstiges reisende Publikum untergebracht. Im 20. Jahrhundert wurden die Krüge durch Hotels und Restaurants ersetzt. In der Vorkriegsstadt verteilte sich sich das Restaurantpublikum nach dem Beruf. Im „Neptun" kamen Matrosen zusammen, in der „Metropole" GrossLitauer, im „Sommer" die Intelligenz, in der „Mokkastuben" Lärmer, und die Weinstube Werner war für das Volk bestimmt. Das Weinlokal Weisson in der Fischerstrasse wurde von älteren Menschen besucht. Als exklusivstes galt das Restaurant „Sommer" an der Ecke der Polangenstrasse, mit grossem Garten, bei schönem Wetter hinausgetragenen Tischen, mit Laternen, Springbrunnen und klassischer Musik. Das erstklasige Restaurant „Victoria" hatte einen Sommergarten. Nach dem Zweiten Weltkrieg trat der sowjetische Asketismus an die Stelle der deutschen Eleganz. Imbisslokale, in denen Schnaps sich in Strömen goss, waren lärmvoll und einfach. Auf den Strassen wurden gelbe Bierfässer aufgestellt. Berüchtigt war das Restaurant „Jūra" im Fischereihafenviertel, das auch unter dem Namen „Rzavaja vilka" („Verrostete Gabel") fungierte. Hier kamen von der See zurückgekehrte Matrosen, um sich zu entspannen. Im Cafe „Banga" versammelte sich das bohemische Publikum, und ins „Meridian" oder die am Dangekai stehende „Regata", die während eines Storms sank, gingen wohlhabende Menschen. Die Seeleute hatten Geld, so war es nicht leicht, in die Restaurants und Bars der sowjetzeit zu gelangen. Sogar an den Werktagen zogen sich riesige Warteschlangen bei „Žvejų baras", „Šikšnosparnis", „Alinė" (im Volksmunde „Europa" genannt) hin. Um 1950 erschienen Imbissautomate: man warf Münzen hinein, dann drehte sich ein kleines Tablett mit 100 Gramm Wodka und belegtem Brot. In Klaipėda war es keine Neuheit: ein ähnlicher, Imbisse und Getränke verkaufender Apparat funktionierte schon 1910 im Börsenrestaurant.

Die Aufständischen posieren dem Photographen nach dem Marsch

DER MUTIGSTE SCHRITT LITAUENS

Der amerikanische Historiker Alfred Erich Senn schreibt, dass der Aufstand vom Januar 1923 im Memelland „der mutigste internationale Schritt Litauens in der Zwischenkriegszeit" war. Es lässt sich kaum als „Aufstand" im wahren Sinne des Wortes bezeichnen. Wohl als Annexion, weil die Unternehmung von litauischem Militär und Schützen unter der Leitung politischer Fuehrer wie Ernestas Galvanauskas vollbacht wurde. Den Aufständischen stand der Abwehroffizier Jonas Polovinskas, unter dem Decknamen Budrys, vor. Kleinlitauische Freiwillige, die der neu formierten Armee beitraten, lieferten ihren Beitrag schon spater, doch die politische Entscheidung eines geringen Teils der Bevölkerung bildete die Grundlage fuer diesen Vormarsch. Am 10. Januar 1923 überschritten 1500 zivil bekleidete litauische Soldaten und Schützen mit grünen Verbänden, auf denen MLS (Aufständische Klein-Litauens) stand, die Grenze des Memellandes, und in fünf Tagen war Klaipėda mit Ausnahme der Kaserne, wo sich die Franzosen festhielten, schon in litauischen Händen. Dabei sind zwei Franzosen, ein deutscher Gendarm und zwölf litauische Aufständische gefallen. Nach erfolgreichen Aufständen ist nicht die Legalität, sondern die Effektivität der Regierung entscheidend. Am 17. Februar 1923 haben die europäischen Grossmächte in Paris das Memelland Litauen zuerkannt, und ein Jahr später setzte die Konvention Grundsätze fest, anhand deren Litauen die Verwaltung des Memelgebietes übernahm.

Würden wir heute die Ostseeküste besitzen, wenn die Ereignisse von 1923 nicht gewesen wären? Es ist zu bezweifeln. 1945 übergab Stalin Klaipėda den Litauern, genauer gesagt, dem Sowjetlitauen, ohne daran zu zweifeln, dass es sich um ein litauisches Gebiet, nicht ein Teil des deutschen Ostpreussens handelt, die später zum Kaliningrader Gebiet wurde. Wenn der Vormarsch von 1923 nicht erfolgt hätte, ware eine rechtlich Begründung, warum das Memelland eine gesonderte, von Ostpreussen abgesplitterte territoriale Einheit bilden sollte, schwer zu finden. Vielleicht wäre Klaipėda in das Kaliningrader Gebiet inkorporiert gewesen, umsomehr dass hier auch fast gar keine Bevölkerung geblieben war? Die Geschichte kennt keine Konjunktivform, doch kann man getrost behaupten, dass der Erfolg des Aufstandes von Klaipėda die weitere politische Entwicklung der Stadt bestimmte.

Die litauischen Aufständischen erreichen Klaipėda

DER MARSCH NACH KLAIPĖDA: AUGENZEUGENBERICHT

Der Teilnehmer des Januarmarsches nach Klaipėda 1923 Jonas Tamulionis, damals Angehöriger einer Sondereinheit unter der Leitung von Jonas Budrys-Polovinskas, gab in seinen Erinnerungen aus der kanadischen Emmigration die Haltung der Memellandbewohner beim Aufmarsch nach Klaipėda wieder. Die „Aufständischen" aus Litauen trafen damals vor allem mit litauischstämmigen Bauern und einigen deutschen Gutsleuten zusammen: „Sie nannten uns „Buntininkai" (Aufständische) von drüben oder Klein-Litauer, „Soldaten". Die Landwirte waren Aufständischen gegenüber keineswegs wohlgesinnt. Sie sahen marschierende Reihen ohne Wagen, nur mit Waffen und leeren Brotsäcken: das heisst, sie würden sich durch Raub und Requisierung ernähren. Sowohl Gutsleute als auch Bauern versuchten schnellstmöglich deutschen Gendarmen und Beamten von den Aufständischen zu berichten. Die unterwegs getroffenen Landwirte unterhielten sich gern mit Aufständischen und beantworteten ihre Fragen, verweigerten aber eine Restpause oder Übernachtung in ihren Häusern.

Jonas Tapulionis erinnerte sich, dass ein deutscher Gendarm bei ihrer Begegnung sich nicht täuschen liess: *„So sagt er: „Die Litauer haben ihr Militär zivil bekleidet und werden den Franzosen mal eins über rote Hosen haün." Es machte keinen Sinn mehr zu erklären, dass wir Einheimische sind. Ich versuchte nur ihm weisszumachen, so gut wie ich konnte, dass wir nicht Militär sondern Zivilisten sind. Er wies auf die Soldaten und sagte: „Was redest du da, schau mal, alle tragen Soldatenschuhe, haben gleiche Gewehre und Brotsäcke, auch diese Zivilkleider sehen beinahe alle gleich aus." Dann zeigte er auf die Schützengruppe: „Die sind Reservisten, ihnen mangelt es an Übung." An diesem Tag war Markt in Klaipėda. Wir begegneten mit Wagen oder zu Fuss zureuckkehrenden Menschen. Gefragt teilten sie mit, dass Franzosen beiderseits der Strasse Transcheen graben und Maschinengewehre aufstellen. In Klaipėda spricht man, dass auf allen Strassen tausende von „Aufständischen" anrücken. Ein alter Mann kniete am Strassenrand, stützte sich auf seinen Stock, richtete die Augen gen Himmel und sagte: „Jetzt kann ich sterben, habe schon litauische Soldaten gesehen."*

Eines Tages kam in unsere Stube ein intelligenter Herr und begann sich zu erkundigen, wer wir sind, wir gaben vor Aufständische zu sein, dann lachte er und sagte: „Ihr könnt das erzählen wem ihr wollt, mir aber nicht. Wie sprecht ihr Deutsch? Ihr könnt das gar nicht. Die einheimischen Litauer sprechen besser Deutsch als Litauisch, weil die Schulen nur deutsch sind." Weder Deutsche noch Franzosen liessen sich von der Tarnung der „Aufständischen" täuschen. Das Wichtigste war jedoch, dass sie ihr Ziel erreichten: Klaipėda war besetzt.

Das Denkmal für die Aufständischen

DER OBELISK

Am Tag der Allerheiligen flickern die Kerzen vor dem mit Gediminaitis-Pfosten markierten Denkmal im Skulpturenpark. Es steht zum Andenken an die Aufständischen, die bei der Besetzung des Memellandes gefallen sind. Es gibt keine unbekannten Helden, wenn ihre Namen in Dokumenten überliefert sind. Damals sind zwei litauische Offiziere (Kapitän der Militärschule E. Noreika und Leutnant des 9. Infanterieregiments V. Burokevičius), sechs Soldaten – Angehöriger der Militärschule V. Stašelis, Gefreiter der Kriegsmilizschule V. Vilkas, Gefreiter des 1. Husarenregiments J. Simonavičius, Gefreite des 5. Infanterieregiments (A.Viliūnas und P. Trinkūnas, Gefreiter des 8. Infanterieregiments J. Petkus) und vier Schützen (F. Lukšys, A. Jasaitis, J. Pleškys und A. Urbanavičius) gefallen. Erkältet starb der Aufstandsteilnehmer, Amerika-Litauer A. Martus. Der überlieferte Dokumentarfilm zeigt die an einem kalten Januartag stattgefundene feierliche Beerdigung. Allerdings wurden nur drei Aufstandsteilnehmer auf dem alten Stadtfriedhof beigesetzt. In Litauen musste die Teilnahme des Militärs geheimgehalten werden, deshalb wurden die Gefallenen heimlich mit einem Zug nach Kėdainiai überführt und dort beerdigt. 1925 erhob sich auf Initiative des Schuetzenverbundes Klaipėda der Obelisk, hergestellt aus einem Grenzstein des Kaiserreiches, der bei Nimmersatt stand. Zu den Einweihungsfeierlichkeiten, wobei der Pfarrer Vilius Gaigalaitis den Gottesdienst hielt, versammelten sich einige Tausenden Menschen. Nach dem Zweiten Weltkrieg begann die barbarische Zerstörung des Stadtfriedhofs. Auf der Suche nach Gold und Edelsteinen wurden die alten Familienkeller gegraben und Kapellen von verdienten Bürgern vernichtet. Dennoch blieb der Obelisk mit den Gediminaitis-Pfosten wie durch ein Wunder erhalten. 1969 gelang es auf Initiative der Heimatkundlerin B. Elertienė und des Architekten P. Šadauskas das Denkmal ins Verzeichnis der historischen Denkmaeler aufzunehmen. Nach der Rekonstruktion verschwand die Inschrift „LSV, XX. Einheit", und die Metallspitzen der Gediminaitis-Pfosten nahmen die Form des Neptun-Dreizacks. Der Obelisk bestand auch dann, als nach der Einebnung des alten Stadtfriedhofs 1983 hier der Mažvydas-Skulpturenpark eingerichtet wurde.

1921 zog Ieva Simonaitytė nach Klaipėda um

MIT IEVA SIMONAITYTĖS AUGEN GESEHEN

Nach Klaipėda kam die künftige Schriftstellerin Ieva Simonaitytė aus dem, wie sie es nannte, „Hüttchen" des heimatlichen Vanagai (Wanaggen) am windigen, regnerischen und nebligen 2. Januar 1921, um hier Arbeit zu suchen. Sie bekam eine Anstellung im Büro des litauischen Konsulats. Der erste Lohn war ein nicht geringes Geld – 400 Mark. Doch die Wohnungsfrage war auch damals in Klaipėda aktuell. Simonaitytė liess sich im zweistöckigen Haus in der Budsargenstrasse mit sieben anderen Familien nieder und zog nach einiger Zeit in das gegenüber stehende Haus Szabries in der Tilsiter Strasse Nr. 11 um. Der Hauseigentümer hat einen kleinen Anbau am Haus errichtet, der zu Simonaitytės Vorzimmer und Kücher wurde. Die Erinnerungen der Schriftstellen gelten nicht als zuverlässige historische Quelle, doch der von tallentierter Beobachterin festgehaltene Alltag ist sehr interessant. Hier sei ein erstaunliches Beispiel aus dem Alltag angeführt: in der Küche „hängt an der Wand bei der Tür der Gaszähler", in den man Pfennige und *Patreinen* (Patronen) hineinwerfen muss. Und das im Jahr 1922. Erst nach 70 Jahren wurde in Klaipėda mit massenhaftem Einbau von Gaszählern begonnen. Die Arbeit im Konsulat war aufregend. Einfache „szameitchen" kamen, die „über Amsterdam oder Roterdam nach Merika auswandern wollten..." Wenn man fragte, wann und wo sie geboren sind, antworteten sie kurz und bündig: „bei Kartoffelnernte", „beim Heueinbringen", „ich bin Jonas, so bin ich am Heiligen Johannes geboren".

Als Ende 1922 die Inflation sich zuspitzte, verliess Simonaitytė die Arbeit im Konsulat, weil, ihr zufolge, *„für meinen Lohn hätte ich wohl einmal einen bescheidenen Mittag essen können. Mehr nichts. Und mit dem Nähen verdiente ich für das Essen und die Miete."* Das Leben erschwerte sich nach dem Wechsel zur Redaktion der Zeitung „Prūsų Lietuvio balsas" („Die Stimme des Preussisch-Litauers"), wo die Missachtung der „hohen litauischen Intelligenz" gegenüber dem einfachen Mädchen spürbar war. „Man kann nicht böse sein, man kann sich über die „Tugenden" jener Zeit lustig machen. Doch vergessen? Nein!" Sie hat es auch nicht vergessen. Die von der sowjetischen Regierung anerkannte Literaturklassikerin sparte bei ihren Sommeraufenthalten in Priekulė nicht um Worte und liess das zu Besuch gekommene literarische Publikum aus Vilnius „herumtanzen".

Auch Ieva Simonaitytė war Teilnehmerin des Aufstandes

IEVA SIMONAITYTĖ UND DER AUFSTAND VON KLAIPĖDA

„Memeldeutsche darum – um dieses Landstückchen – weinen, Polen leckt sich, Litauen hofft. Solange schlägt sich jeder durch, wie es ihm dünkt", schrieb Ieva Simonaitytė 1922. Der Lebensstandard fiel in Klaipėda beträchtlich: die Läden leerten sich, und die Preise für Gebrauchsgüter, Kleidung, Schuhe stiegen um 20–30 Mal. In Šilutė und Klaipėda entstand Mangel an Lebensmitteln, weil die Bauern ihre Produkte nicht für die fallende Mark verkaufen wollten, wenn gleich hier, in Litauen, der starke Litas eingeführt wurde. Zu dieser Zeit war in Litauen schon der Plan zur bewaffneten Besetzung des Memellandes ausgereift. Auch die Vorbereitungsarbeiten für den Aufstand begannen.

Ieva Simonaitytė wird als Teilnehmerin dieses Aufstandes betrachtet, doch ihr selbst zufolge hat der Mitarbeiter der litauischen Vertretung, Vilius Šaulinskis, sie gemeinsam mit einer Freundin „auf die Liste eingetragen und Decknamen gegeben, an die ich mich nicht mehr erinnere, wohl um die Anzahl der Aufständischen im Memelland zu vergrössern. So wurden wir beide zu Aufständischen." Der Name Ieva Simonaitytė ist auf dem Mitgliederverzeichnis der Klaipedaer Abteilung des Litauischen Schützenbundes unter der Leitung von J. Bruvelaitis anzutreffen. Diese Abteilung, zu der die aktivsten litauisch gesinnten gesellschaftlichen Persönlichkeiten J. Vanagaitis, V. Šaulinskis, J. Lėbartas, J. Vesols, M. Palavykas, J. Peteraitis, M. Brakas gehörten, wurde aber erst im Sommer 1923 gebildet.

Währen des Aufstandes in Klaipėda erlebte Simonaitytė auch Schiessereien auf den Strassen der Stadt sowie den Tod des jungen Kaunaer Gymnasiasten Jasaitis an der Präfektur und schrieb später unter dem Decknamen S. Eglaitė einen Artikel über die Beerdigung der Aufständischen. Nach dem Aufstand gab es wie üblich auch jene, die davon nicht schlecht profitierten. So, laut der Schriftstellerin, „strömten von Klaipėdas Kaufleuten Butterfässer, Zentner von Zucker, schwarzes und weisses Brot, mahlsteingrosse Käsen und meterlange Würste." Es fanden sich auch Wein und Cognac und Rum aus den Weinspeichern Reinckes am Steintor. Deutsche Kaufleute waren bestrebt, die Wohlgesinnung der neuen Regierung zu kaufen. Was nicht in den Lagerraum hineinpaste, wurde zum Vanagaitis Haus gebracht. Und von dort aus... So gewährt uns Simonaitytės Erzählung einen Blick hinter die wenige bekannten Kulissen des Aufstands.

Landwirte des Gebietes litten unter der grossen Politik

SCHWEINE UND POLITIK

Der Januarmarsch von 1923 hat Litauen gelungen, doch die Begeisterung der Gebietsbewohner kühlte beim Auftreten wirtschaftlicher Schwierigkeiten allmählich ab. Ebenfalls veränderte sich die Wirtschaftsorientierung des Memelgebietes. Wegen des Holzmangels ging der Umschlag im Hafen von Klaipėda zurück. Die in der Mitte des Haffs festgelegte neue Grenze erschwerte die immerhin nicht einfache Lage der Fischer. Die Fischer konnten nicht mehr unbehindert den Fischfang zwischen Nida und Skirvytė betreiben sowie ihre Fische auf den Märkten von Tilsit und Labiau zu verkaufen. Früher wurden die Landwirtschaftsprodukte nach Deutschland transportiert und mit dem Getreide aus Ostpreussen *Land-Edelschweine* gefüttert, die bis zu 250 kg wogen. Nach 1923 verloren die Schweinezüchter den deutschen Markt, weil der Export in die europäischen Länder, insbesondere nach England, nicht mehr fette Mastschweine sondern Bacon-Schweine, die ca. 85–100 kg auf die Waage brachten und mit Kartoffeln gefüttert wurden, verlangte. Litauische Landwirte waren an die Züchtung derartiger Schweine gewohnt. Im Gegensatz zu Litauen, dessen Regierung mit der Landwirtschaftsreform eine günstig gesinnte Basis der Landwirte schuf, verboten die Autonomiegesetze die Durchführung der Landwirtschaftsreform im Memelgebiet. Im Memelland wurden die Dörfer Anfang des 19. Jahrhunderts in grössere Höfe aufgeteilt.

Landwirtschaftsprodukte waren in Litauen billig, die Preise für Landgeräte dagegen hoch. Szameitische Bauern brachten ihre Güter nach Šilutė und Klaipėda und verkauften sie zu Schleuderpreisen, womit sie Unzufriedenheit der örtlichen Landwirte erregten. 1933, während der Wirtschaftskrise, standen Bauern mit Schweinen auf den Wagen Nächte hindurch an den Einkaufsstellen, doch die deutsche Vereinigung für Viehhandel kaufte sie nur von den Mitgliedern der pronazistischen Neumann-Partei, und die litauische Gesellschaft „Maistas" bot niedrigere Preise als deutsche Konkurrenten an.

In den vierziger Jahren führte Deutschland höhere Zölle und verschloss regelmässig die Grenze des Memelgebietes für den Einfuhr von Vieh und Landwirtschaftsgüter, um politischen Druck auf Litauen auszuüben. Die Verärgerungswelle der Gebietslandwirte schlug auf die litauische Regierung zu. Erst in der Zeit des Gouverneurs V. Krukauskas (1935–1936) ebbte der „Schweinekrieg" ab. Deutschland, die den Ausfuhr ebenfalls benötigte, begann wieder seinen Markt für Schweine und Vieh zu öffnen. Im Sommer 1935 fuhren einige deutsche Transportschiffe nachts in den Hafen von Klaipėda ein und wurden in der Geschwindigkeit einer halb militären Operation mit den von memelländischen Landwirten gemästeten fetten Schweinen beladen, die für die Armee bestimmt waren. Diese Aufkäufe leerten die Schweineställe der Bauern beträchtlich aus, deshalb verstummten auch ihre Beschwerden über die Tatenlosigkeit der lokalen und zentralen Regierung in Kaunas.

Der Brand in Memel hat H. Schliemann verschont

KLAIPĖDA UND DIE ENTDECKUNG TROJAS

Klaipėdas Bewohner, die den Stadtgästen rote Ziegelsteinspeicher am Dangefluss zeigen, in denen sich heute Restaurants befinden, nennen sie manchmal Schliemanns Speicher. Diese Speicher wurden allerdings 1860–1871, schon nach dem Grossen Brand errichtet, mit denen die Geschichte des selbstgebildeten Archäologen und Troja-Entdeckers Heinrich Schliemann in Zusammenhang steht.

Der künftige Entdecker Trojas wurde 1822 in der Familie eines unwohlhabendes Pfarrers geboren und war aus Geldmangel sogar gezwungen die Schule zu verlassen und mit einer Erwerbstätigkeit zu beginnen. Doch seine ausserordentlichen Sprachbegabungen (er erlernte selbstständig mehr als zehn Sprachen) und ausgeprägter Geschäftssinn verhalfen ihm zum beachtenswerten Vermögen, das durch ertragreiche Handelsunternehmungen zwischen Russland und westeuropäischen Häfen erworben wurde. Der Krimkrieg von 1853–1856, als die russischen Häfen von englischen Kriegsschiffen blockiert waren, brachte Memeler Kaufleuten unerwartete Reichtümer. Und nicht nur ihnen. Über Memel, den Hafen eines neutralen, nicht kriegsführenden Staates, wurden für Russland bestimmte Waren verschifft. Und umgekehrt. In Klaipėda war jeder Speicher, jede Vorstadtscheune jeder Dachboden mit Stoffen, Flachs, Hanf, Fässern vollgestopft. Im September 1854 investierte Schliemann sein Kapital und sandte Waren von Amsterdam auf zwei Dampfern an seine Agenten, die Herren Meyer & Co. in Memel ab. Er selbst reiste etwas später nach Memel. Auf der ersten Station hinter Tilsit ereilte ihn die Nachricht, daß die Stadt Memel am 4. Oktober von einer furchtbaren Feuersbrunst eingeäschert worden sei, darunter auch die Speicher. Es schien, dass alle Träume und Pläne gescheitert waren, doch in Memel angekommen fand Schliemann den Schuppen mit seinen Waren unversehrt. „Es schien mir doch wie ein Traum, wie ganz unglaublich, daß ich allein aus dem allgemeinen Ruin unbeschädigt hervorgegangen sein sollte! Und doch war dem so" schrieb Heinrich Schliemann in seiner Biographie. Nach zwanzig Jahren entdeckte Schliemann in der Türkei den sogenannten Schatz des Priamos und verkündete das legendäre, von Homer beschriebene Troja aufgegraben zu haben. Alerdings kam es später heraus, dass bei den Ausgrabungen er die Überreste des echten Trojas zerstörte und die einige hunderte Jahre ältere Grabstelle des Königs von Mykene fand.

Die Grenzpolizei bewachte die Meeresgrenze des litauischen Staates

KÄMPFE AUF HOHER SEE

Nach die Wiederherstellung des litauischen Staates stellte sich die Frage über den Schutz der stallichen Meeresgrenze. 1923 hat die staatliche Grenzpolizei des Memelgebietes die Bark „Argus" übernommen und nannte sie „Savanoris" („Freiwillige"). Das Schiff begann auf der Ostsee zu patrouillieren. Im gleichen Jahr wurde vom Direktorium des Memelgebietes das Motorschiff „Möwe" übernommen, in „Lietuvaitė" („Litauerin") umgetauft und mit der Schiffskontrolle im Klaipedaer Hafen und Spionage auf dem Kurischen Haff aufgetragen. 1924 wurde für die Grenzbewachung auf dem Kurischen Haff ein kleines Motorschiff „Šaulys" („Schütze") erworben. Die Grenzpolizei des Memelgebietes hatte es nicht leicht, mit der kleinen Flotte einen Kampf gegen die Schmuggler zu führen, die massenhaft Sprit von Deutschland brachten. 1926 bewilligte die Regierung Mittel für die Anschaffung eines Minenjagdschiffes in Deutschland, das später zum „Präsidenten Smetona" wurde.

Die „erste Taufe" für den „Präsidenten Smetona" im Spritkampf war die Festnahme des türkischen Schiffs „Hassan Bier". Trotz seiner geringen Beweglichkeit half das Minenjagdboot der umfangreichen Spritkontrebande den Weg über die litauische Meeresgrenze zu versperren. Im Laufe von einigen Jahren wurden in litauischen Hoheitsgewässern Schmugglerschiffe „Malaga", „Windsbrant", „Wilhelmine", „Willy", „Kehl Wilder" festgehalten. Am 6. Februar 1930 erwischte „Präsident Smetona" seine grösste Beute: das Schiff „Westa" mit riesiger Spritladung. In ein paar Jahren wurde für den Schutz der litauischen Meeresgrenze eine schnelle, aus sechs Motorschiffen bestehende Flotte gebildet: „Lietuvaitė" (anstelle des 1927 versunkenen gleichnamigen Schiffes), „Savanoris" und die in Klaipėda erbauten „Žaibas" („Blitz"), „Aitvaras", „Partizanas" und „Šaulys". Eher bescheiden war die Grenzschutzflotte in Vorkriegslitauen. Doch immerhin besser als keine.

„Präsident Smetona" ruht heute in den Hoheitsgewässern Estlands

„PRÄSIDENT SMETONA"

Ende 2007 stellte estnische Unterwasserarcheologen fest, dass in den Hoheitsgewässern dieses Landes, in der Finnischen Bucht, in etwa 80 Meter Tiefe das litauische Kriegsschif „Präsident Smetona" liegt, das 1945 vom deutschen U-Boot „U 745" versenkt wurde. Allerdings hiess das Schiff damals schon „Koral" und fuhr mit der Flagge der Sowjetunion.

Das erste und einzige Kriegsschiff des Vorkriegslitauen wurde 1927 für 289 000 Litas von Deutschland angeschafft, dass nach dem Versailler Friedensvertrag seine Kriegsflotte verringern sollte. Es handelte sich um das 1917 gebaute, 60 Meter lange, 525 Tonnen schwere deutsche Minenjagdschiff „M-59", das eine Geschwindigkeit von 17 Seemeilen pro Stunde entwickeln konnte. In Klaipėda angekommen sah es bedauernswert aus, weil Deutsche das Schiff abzuschreiben planten und es mit Pech übergossen haben, damit es nicht verrostet. Nationalistisch gesinnte Deutsche hätten sich wohl vor Lachen krümmen müssen, wenn nach der ersten Fahrt im November 1927 und Festnahme von Schmugglerbooten das Schiff gleich vor der Hafeneinfahrt von einem Strom überrascht wurde und nicht nur der ganze Kohl sondern auch die Holzteile des Schiffes verbrannt werden mussten. Nach diesem Vorfall wurde der Kapitän Antanas Daugirdas durch den Kapitän Antanas Kaškelis ersetzt, unter dessen Leitung die Litauer vom Lande, die ihren Dienst auf dem Schiff ableisteten, städtische Erfahrung, technische Kenntnisse und Patriotismus erwarben. Bei den Besuchen des Staatspräsidenten verwandelte sich das mit seinem Namen benannte Schiff in die Yacht des Staatsoberhauptes. Im Fall einer bewaffeten Auseinandersetzung hätte sich „Präsident Smetona" wegen mangelhafter Ausrüstung und geringer Geschwindigkeit wohl kaum ernsthaft widersetzen können, es war aber auch nicht nötig. Am Vorabend des Zweiten Weltkriegs nahm Litauen auf dem Verzeichnis der 42 Staaten, die im Besitz von Kriegsschiffen waren, den 40. Platz ein und überholte nur Albanien und Tschechoslowakei. Die lettischen Nachbarn verfügten über neun und die Esten sogar über 16 Kriegsschiffe. Doch nutzten sie auch nichts. Immerhin gingen sie im Sommer 1940 an die Okkupanten über.

Ernestas Galvanauskas verstand die Mission des maritimen Staates

ERNESTAS GALVANAUSKAS

Das auf dem Gelände der Universität Klaipėda stehende Denkmal für den Politiker, Diplomaten und Wirtschatfler Ernestas Galvanauskas ist nur ein kleines Tribut, das man dieser Persönlichkeit zollen kann, deren Besorgnis für die Belange Klaipėdas nie vorgetäuscht war. Vom Februar 1992 bis Juni 1924 bekleidete Ernestas Galvanauskas die Ämter des litauischen Premierministers und des Aussenministers. In seiner Regierungszeit wurde die Frage Klaipėdas zugunsten Litauens gelöst: mithilfe einer Militäroperation wurde das Memelland an Litauen angegliedert und als souveränes Gebiet anerkannt. Am 8. Mai 1924 wurde die Memelkonvention in Paris unterzeichnet. Ernestas Galvanauskas zählte zu den bedeutendsten Vorbereitern und politischen Koordinatoren des Klaipedaer Aufstandes. Diplomatische Verhandlungen mit den Grossmächten über die Zukunft des Memelgebietes waren keineswegs leicht, doch Galvanauskas spielte seine Partie vortrefflich. Nach dem Beginn des Aufstandes reiste der Priemierminister umsichtig „aufs Lande", damit er für Diplomatenproteste nicht erreichbar wäre. Politische Lösungen unterscheiden sich von der Lebensrealität, in der Vielfalt, Konflikte, und Unbeständigkeit zahlreich herrschen. Im Memelland sah sich Litauen nationalen, religiösen und wirtschaftlichen Problemen ausgesetzt, für deren Bewältigung man keine Erfahrung hatte. Auf Initiative von Ernestas Galvanauskas begann in Klaipėda die Realisierung des Programms zur kulturellen Anbindung und wirtschaftlichen Festigung des Gebietes. Nach Klaipėda kam Galvanauskas 1927, als er sich nach dem Staatsumsturz aus dem Diplomatendienst zurückzog. Dank seiner Bemühungen wurde 1934 das Handelsinstitut in Klaipėda, gegründet dessen Rektor er bis zur Machtergreifung der Nazis war. Galvanauskas war auch Gründer der Gesellschaft zum Bau preiswerter Arbeiterwohnungen für litauische Arbeitskräfte, damit ihre steigende Anzahl den deutschen Einfluss in Klaipėda überwiegen könnte. Auf seine Initiative entstand die Handwerksschule Klaipėda. Er war Vorstandsmitglied der Druckerei und des Verlags „Rytas" und daneben auch der erste Redakteur der von Litauern gern gelesenen Zeitung „Vakarai". Nochmals sah Galvanauskas 1940 Klaipėda nach der Okkupation Litauens wieder. Klugerweise hat er das Leben im nazistischen Reich gewählt anstatt in Litauen unter Stalins Okkupation zu bleiben, wo er keine Chance zum Überleben hätte. Ernestas Galvanauskas starb 1967 in Frankreich.

Der Empfang des Gemäldes Vytautas des Grossen in Klaipėda, 1930

VYTAUTAS DER GROSSE IN KLAIPĖDA

Zum Gedenken an den 500. Todestag des litauischen Herrschers Vytautas wurde das Jahr 1930 in Litauen zum Jahr Vytautas des Grossen erklärt. Komitees zum Tragen des Bildes von Vytautas dem Grossen durch Litauen entstanden. Genau wie vor dem Krieg der im Budapester Dom aufbewahrte Handteller des ungarischen Königs, des Heiligen Stephan, in einem Sonderzug durch das ganze Land gefahren wurde, so wurde auch das Bild Vytautas des Grossen durch Städte und Ortschaften Litauens getragen. Am 23. August wurde das Bild des Fürsten auf dem Eisenbahnhof Klaipėdas feierlich von Schützen, litauischer Jugend und Militär empfangen, von Deutschen ignoriert und durch die Stadt getragen. Danach ging es nach Palanga.

Das 1934 errichtete litauische Gymnasium erhielt den Namen Vytautas des Grossen. Ende 1947 ersuchte die Verwaltung Klaipėdas den Ministerrat um Beibehaltung des Namens Vytautas der Grosse für das litauische Gymnasium und motivierte damit, dass *"Klaipėda und das Gebiet haben stets unter der Verfolgund und Verwüstung durch Krüzritter und letztendlich durch deutsche Eroberer gelitten. Vytautas der Grosse, der bei Tannenberg die Deutschen besiegte und ihnen dadurch einen tödlichen Schlag versetzte, wird die Schüler mit seinem Namen ständig daran erinnern und für sie ein Beispiel der Erziehung sein, um in der Sowjetunion gegen die ewigen deutschen Feinde Wache halten."* Damals genügten derartige Argumente nicht, und das Gymnasium erhielt den Namen Donelaitis.

Vytautas der Grosse ist auch mit der litauischen Ostseeküste verbunden. Hier wurde seine Mutter Birutė geboren. In seinem Brief an den Deutschen Orden, in dem Anspruche auf die Ostsee und Klaipėda zum Ausdruck gebracht wurden, erwähnte er, dass es sich um das Land seiner Väter handelt. Man erinnert sich gerne daran, dass Vytautas der Grosse einen historischen Fehler beging, indem er nach der Tannenbergschlacht gen Osten zog und die Ostseeküste vergass. Vytautas Alantas vermerkte, dass im Schwarzen Meer gebadetes Ross Vytautas des Grossen uns wenig half: „Es wäre vernünftiger gewesen, am Ostseestrand zu reiten und sein Ross dort zu baden." Das Grosse Fürstentum Litauens schob sich Richtung Osten, dorthin, wo es auf den geringsten Widerstand traf. So ist es kein Wunder, dass Vytautas der Grosse zu einem anderen – dem Schwarzen – Meer gelangte.

Damals, im Frühjahr 1938, waren die Nazis noch nicht in Klaipėda einmarschiert

DIE NICHT STATTGEFUNDENE „FLOTTENPARADE"

Im Frühjahr 1938, als sich die Vorahnung des nahenden Krieges verstärkte, hingen die Gefahrwolken zum ersten Mal so dicht über Klaipėda. Österreich wurde an das Deutsche Reich angeschlossen. Polen, das sich vor Handlungen Deutschlands fürchtete, stellte Litauen am 17. März ein Ultimatum für die Aufnahme diplomatischer Beziehungen. Kaunas konzentrierte sich auf die angespannten Beziehungen mit Warschau und ahnte nicht, dass am 18. März 1938 der Generalstab der deutschen Armee auf der Grundlage des österreichischen Anschlusses ein geheimes Szenario für die Angliederung des Memelgebietes erstellte und es *Flottenparade* nannte.

Nach dem Plan sollte diese Operation kaum einige Stunden dauern und war besonders geheim gehalten, weil man die Litauer unvorbereitet zu überraschen gedachte. Im Fall der Verwirklichung des Szenarios hätte der Überfall folgenderweise aussehen müssen: die Streitkräfte reihen sich zehn Seemeilen von Klaipėda entfernt, und die Truppen des Fallschirmjägerregiments 1. werden auf vier Minenjagdschiffe versetzt, die unerwartet in den Hafen Klaipėda einfahren und die Landungsoperation beginnen. Die Soldaten würden dann Richtung Bahnhof ziehen und unterwegs litauische Ämter besetzen und die Kasernen umringen. Inzwischen würden die Hauptarmeeinheiten aus Ostpreussen auf allen Strassen vordringen. Man hoffte den Anschluss friedlich durchzuführen, ohne grösseren Widerstand der litauischen Truppen. Falls das Regiment Fürst Butigeidis Nr. 7 sich zur Wehr setzte, waren Beschiessungen der Stadt von den Schiffen aus und Luftangriffe vorgesehen. Vor dem einzigen Kriegsschiff „Antanas Smetona" und drei Abwehrgeschützen (so viele hat der deutsche Geheimdienst gezählt) fürchtete man sich nicht, nur den schnelleren Grenzschutzbooten wollte man ausweichen. Falls ein stärkerer Wellengang eintreten oder die Litauer sich intensiv verteidigen würden, war die Landung deutscher Soldaten auf Landebooten ausserhalb der Stadtgrenzen Klaipėdas – bei Giruliai und Karklė – geplant.

Da Litauen das Ultimatum Polens annahm, hat die *Flottenparade* nicht stattgefunden. Der Anschluss wurde für ein Jahr nachverlegt, wenn Deutschland das Ultimatum stellte und Litauen es akzeptierte. Dann marschierten über die Luisenbrücke Panzer-, Infanterie- und Artillerietruppen in das Memelgebiet ein.

Zwei Nazis: Willy Bertuleit und Ernst Neumann

WILLY BERTULEIT

Wenn jemand Vilius Bertulaitis mit dem litauischen Namen nennen und sagen würde, dass er litauisches Blut besitzt, wäre er wahrscheinlich beleidigt. Er war ja Willy Bertuleit und zeichnete sich wie jeder Unreinblütige durch grossen Eifer aus und war bemüht zu beweisen, dass er der „höheren Rasse" gehört. Aus dem Dorf Bendikai stammend, sprach er litauisch, wurde aber von dem Strom des Nationalsozialismus mitgerissen. 1933 wurde Bertuleit zum stellvertretenden Führer der Nationalsozialistenpartei unter der Leitung des Klaipedaer Naziführers Erich Neumann gewählt. Mitglieder dieser Partei waren zahlreiche Personen litauischer Herkunft, mit litauischen Familiennamen. Martin Karschies wurde zum Nazi-Führer des Kreises Memel. Erich Lapins stand der lokalen „Hitlerjugend" vor.

Am 23. Januar 1939 wurde Willy Bertuleit zum letzten Vorsitzenden des Stadtdirektoriums ernannt. Er lehnte ab, nach Kaunas zu fahren und sich der litauischen Regierung vorzustellen. In den Autonomie-Schulen des Memelgebietes wurden die Porträts von Antanas Smetona durch Neuman, Hitler und Göbbels ersetzt, der faschistische Gruss eigeführt und die Verbreitung von Hitlers „Mein Kampf" erlaubt. Auf Initiative von Bertuleits Direktorium fand die Wiederkehr des Strassennamens Moltke und die feierliche Enthüllung der wiederhergestellten Borussia- und König Wilhelm I.-Denkmäler statt. *„Eine Propaganda gegen der Nationalsozialismus wird unter keinen Umständen mehr geduldet werden"*: folgende Prinzip hatte die Politk Bertuleits in Klaipėda. Im Januar 1939 haben sich Klaipėdas Nationalsozialisten deutsche Parteiuniformen angeschafft, nur noch ohne Hakenkreuz. Mit diesen Uniformen bekleidet erschienen Willy Bertuleit und seine Mitstreiter beim Empfang des Landesgouverneurs Gailius anlässlich des 16. Februar. Der Unabhängigkeitstag, der 16. Februar, wurde in Klaipėda nicht mehr offiziell gefeiert und durch den 30. Januar – Tag der Machtergreifung Hitlers in Deutschland – verdrängt. 1941 ging Willy Bertuleit als Freiwilliger zur Ostfront und kehrte nicht mehr zurück. Litauische Wurzeln interessierten ihn nie.

Deutsche Seeleute am Dangeufer

AM VORABEND DER KAPITULATION

In den 40-er Jahren des 20. Jahrhunderts kühlten die Beziehungen zwischen Deutschland und Litauen merklich ab. Am 12. August 1934 hielt der litauische Präsident Antanas Smetona auf dem Meeresfest in Klaipėda eine Rede, in der es hiess, dass „Litauer keine Opfer für die Bewahrung und Verteidigung ihres Seerechtes mehr scheuen werden. Lediglich verfügen sie über einen etwa hundert Kilometer langen Küstenstreifen, nur einen Hafen Klaipėda, doch sie bemühen sich nicht um mehr, beneiden keine Nachbarn, die viel mehr von der Meeresküste besitzen und mehr besser eingerichtete Häfen. <...> Falls jemand unseren Küstenstreifen zu schmälern und unseren einzigen Hafen zu rauben wagte, würde es die Unterjochung des ganzen Litauen bedeuten. Es könnte zu einem Sklaven werden, mit schwierigsten Bedingungen für seinen Handel auferlegt, und später würde es von der Gemeinschaft der freien Staat gestrichen wäre. Angesichts dessen schätzen wir unsere Küste sehr."

Richtig sprach damals der Präsident Smetona, doch schon in fünf Jahren forderte derselbe Präsident auf, die politische Realität zu verstehen und der Enttäuschung nicht nachzugeben – Klaipėda ist zwar verloren, doch sie haben die Unabhängigkeit bewahrt. Der Professor an der Universität Kaunas, Intellektuelle Mykolas Romeris schrieb an jenen schweren für Klaipėda Tagen folgendes in seinem Tagebuch: „Die ganze Resistenz der Regierung endete damit, dass ein Beschluss gefasst wurde: kapitulieren und Klaipėda weggeben, weil Deutschen es verlangten. Vor einem Jahr, wenn das Ultimatum Polens erwogen wurde, blieb man länger unentschlossen und eine angespannte Wartestimmung herrschte. Es gab ernsthafte, tiefe Zweifeln. Und in der Tat wurde damals im Grunde genommen über eine geringe Sache, lediglich die Aufnahme der diplomatischen Beziehungen entschieden. Kein Territorium wurde verlangt. Allerdings handelte es sich um die erste Kapitulation, die psychologisch immer schwieriger ist. Gestern, obwohl man schon ein Stück unseres Hoheitsgebietes – den einzigen Seehafen und die Küste – aufgeben musste, zweifelte niemand daran, dass die Regierung kapituliert und alles weggibt, was verlangt wird."

Noch ein Jahr später blieb auch keine Unabhängigkeit mehr...

Hitler in Klaipėda

DER KURZE BESUCH

Manchmal erwähnen die Stadtbewohner gern ihren Gästen gegenüber, dass vom Balkon des Klaipedaer Theaters Adolf Hitler gesprochen hatte. Es gibt da nichts worauf man stolz sein könnte, doch eine offene historische Wahrheit ist besser als Verschweigung, wie in Münchens Touristenbroschüre, in der vermerkt wird, dass Lenin in der Stadt lebte, aber von Hitler, der hier seine politische Karriere startete, steht kein Wort geschrieben.

Am 20. März 1939 traf der litauische Aussenminister Juozas Urbšys mit dem Reichaussenminister Joachim von Ribbentrop in Berlin zusammen. Der Sekretär des Auswärtigen Amtes Erich von Weizsäcker erwähnte in seinen Notizen, dass Urbšys Klaipėda *„halb freiwillig, halb unfreiwillig"* weggab. Das 45 Minuten lange Gespräch der Minister war ein Beispiel der politischen Erpressung. Von Ribbentropp behauptete, „die Deutschen in Memel seien in großer Gefahr, jeden Augenblick kann dort deutsches Blut vergossen werden. Sollte es nötig sein, ihnen zu Hilfe zu kommen, sagte von Ribbentrop so sei Deutschland entschlossen, in Litauen einzumarschieren – es sei denn, Litauen übergebe das Memelgebiet an Deutschland." Die Formalität wurde erledigt und das deutsch-litauische Abkommen über die Abtretung des Memelgebietes am 22. März unterzeichnet. Einem Krieg mit Nazideutschland war Litauen nicht gewachsen. Allein in Ostpreussen zählte man eine halbe Million Männer im Mobilisierungsalter. Am 23. März, um 9 Uhr morgens, heulten Fabriksirenen und läuteten Kirchenglocken in Klaipėda. An den Ämtern und privaten Häuser wehten Fahnen mit Hakenkreuzen. SA-Männer erschienen in der litauischen Druckerei „Rytas", versiegelten die Türen und befahlen das Gebäude zu verlassen. Die letzte Ausgabe der Zeitung „Lietuvos keleivis" erschien. „Präsident Smetona" verliess den Hafen, auf dem Eisenbahnhof luden Armeeinheiten und die abzureisenden Litauer ihre Besitztümer in den Zug.

Da der Stolz dem Führer nicht erlaubte, den polnischen Korridor zu passieren, kam er am 23. März an Bord des Panzerschiffes „Deutschland" nach Klaipėda. Auf dem Schiff hat er das Gesetz über die Angliederung des Memelgebietes an Deutschland unterzeichnet. Vom Theaterbalkon gratulierte Hitler die Versammelten zum Herunterreissen der „schändlichen Zwänge, die mit dem Versailler Vertrag auferlegt wurden" und sagte, dass seit diesem Tag Memel dem Reich ewig gehören werde. Seine Rede war lahm, der Führer fühlte sich nicht wohl: er vertrug die Seefahrt schlecht.

In einem Jahr wurden an der Theaterrwand eine Gedenktafle mit der Inschrift *„Hier verkündete am 23 Marz 1939 der Führer uns die Freiheit"* enthüllt und in den 80-er Jahren bei der Sanierung des Theatergebäudes durch litauische Bauarbeiter entfernt.

Das Hakenkreuz über dem Rathaus

UNTER DER REICHSREGIERUNG

Eisenbahnarbeiter, die nach dem Anschluss Klaipėdas an Deutschland aus dem Reich gekommen waren, rannten wie die Frauen russischer Offiziere nach der Okkupation von 1940 in Kaunas von Laden zu Laden und kauften Wurst, Fleisch, Butter, Kaffeebohnen, Schokolade und Stoffe. Im Reich, das sich auf den Krieg vorbereitete, wurden der Verkauf der meisten Lebensmittel eingeschränkt. In Klaipėda verbesserte sich die Ordnung und Sauberkeit, das Betteln wurde verboten. Die Einführung der Mark bewirkte den Masseneinkauf von Lebensmitteln und anderen Waren. Die Bewohner Ostpreussens kamen mit dem Zug nach Šilutė und Klaipėda zum Einkaufen, was die Gereiztheit der Stadtbewohner verursachte. Der Gauleiter Ostpreussens Erich Koch befahl die Schliessung der ehemaligen Grenze des Memelgebietes. Danach stiegen die Lebensmittelpreise, wobei die Preise der Landwirtschaftsgeräte, Maschinen und Dünger fielen. Landwirte waren zufrieden. Im Sommer 1939 kostete ein Zentner Kartoffeln auf dem Markt in Klaipėda 10 Litas und in Litauen kaum 2,4 Litas. Bei den Vorbereitungen für den Polen-Angriff wurden im Sommer die Lastkraftwagen der Bauern requisiert, und es gab immer weniger Fleisch und Kartoffeln auf dem Friedrichsmarkt. Es mangelte sogar an Heringen. „Es ist sogar verwunderlich, wie sehr es an Waren mangelt", schlussfolgerte ein litauischer Spion im Sommer 1939, „man kann denken, das sie von Szameiten nicht mehr gebracht werden. Auf dem Markt sind hauptsächlich nur Blumen und Radieschen." Auf dem Marktplatz, wo früher bis zu 300 Pferdewagen mit Landprodukten standen, blieben etwa 20–30 mit Blumen, Beeren und Gemüse. Jetzt warteten schon die Städter draussen ungeduldig auf die Wagen szameitischer Bauern, die sie früher beleidigten. Im Sommer 1939 wurden Essensmarken für die Klaipedaer eingeführt. Einer Person für einen Tag wurden 100 Gramm Margarine, für eine Woche 700 Gramm Fleisch, 28 Gramm Zucker, 250 Gramm Mehl, und für einen Monat 63 Gramm Koffee und 20 Gramm Tee zugewiesen. Hingegen erlaubte die Regierung den in die litauische Hafenzone kommenden Arbeitern nicht mehr als 400 Gramm Fleisch oder Räucherwurst, 3 Eier, ein wenig Butter, Sahne und Brot täglich zum Mittagessen mitzubringen. Ungefähr so viel wie die Ortsbewohner für eine Woche bekamen.

Die Litauer verliessen Klaipėda

DIE FLUCHT

Bei der Übernahme Klaipėdas war die Taktik der Nazis klar: die Besetzung des Gebietes zu forcieren, damit möglichst mehr Archivmaterial, Parteikorrespondenz, Bankgeld und sonstiges Vermögen in ihre Hände geraten könnte. Im Gouverneursamt wurde geheime Unterlagen verbrannt, die anderen mit Lastkraftwagen nach Kretinga gebracht. Es erging der Befehl über die Vernichtung der gesamten Korrespondenz, die für Nazis von Interesse war, und insbesondere der Mitgliederlisten litauischer Organisationen, allerdings hat man es nicht überall geschafft. „Litauische Verbandsaktivisten wurden an diesem Tag besonders verfolgt und konnten sich unbemerkt nicht von der Stelle bewegen, insbesondere auf dem Lande", erinnert sich der Klein-Litauer Martynas Anysas. Manche litauisch gesinnte Stadtbewohner entschlossen sich zu bleiben, doch Anysas, der auf dem diplomatischen Dienst in Berlin die „Toleranz" dieses Regimes erlebt hat, beschloss abzureisen. Am gleichen Tag nahm die Gestapo etwa 30 Klein-Litauer fest; manche von ihnen haben die Konzentrationslager nicht mehr verlassen. Einige Litauer, die nicht rechtzeitig fliehen konnten, arbeiteten an der Eisenbahn. Im Frühjahr 1939 haben ca. 18 000 Litauer und Juden das Memelgebiet verlassen. Etwa 6 000 litauische Staatsangehörige waren geblieben, einschliesslich Kinder konnten es 11 000 gewesen sein. Litauische Arbeiter lebten ärmlich. Sie hoben Strassengräben aus, halfen bei der Ernte und bekamen 5–6 Reichsmarken per Tag. Auch in Litauen war es schwierig, Arbeit zu bekommen, also wechselten die Arbeiten ihre verdienten Marken gegen Litas in Tauragė oder und kauften billigere Lebensmittel. Wein und Schnaps waren billiger in Deutschland.

Obwohl Litauer massenhaft Klaipėda verliessen, waren die Deutschen wegen des Mangels an Arbeitskraft daran nicht interessiert. An der litauischen Grenze wurden Litauer von Deutschen angeworben. Die auf Lastkraftwagen aufgestellten Lautsprecher forderten Litauer zu Landwirtschaftsarbeiten auf. Ohne Pässe und Visen wurden sie zu ihren Arbeitsplätzen gebracht und am Samstagabend nach Bezahlung zu Hause abgeliefert. Am Montagmorgen begann wieder die Arbeitswoche. Die litauische Regierung wusste von diesen Aktionen und tollerierte sie, denn die Erwerbslosigkeit in den Grenzgebieten Litauens war gross. Das kulturelle Leben der Litauer in Klaipėda starb völlig ab: es gab keine Vereine, Schulen, Zeitungen, Theater mehr. Allerdings waren Beleidigungen verboten. Für das Wort „Szemaiten", das man für eine Beleidigung hielt, drohte 1939 in Klaipėda eine strafe in Höhe von 5 Mark.

„Die Schwarze Festung" in Giruliai

DER KRIEGSNACHLASS

Nach der Besetzung des Memelgebietes begannen die Deutschen mit der Verstärkung des Küsten- und Hafenschutzes. Im Hafen Klaipėda wurde eine U-Boot-Flotte stationiert. Die Organisation „Todt", eine militärische Bautruppe, begann mit der Errichtung von Verteidigungsobjekten, damit bei Kriegsgefahr oder Annäherung feindlicher Kriegsschiffe der Hafen von der Meeresseite geschützt wäre. Im April 1939 kamen 600–800 Soldaten in Klaipėda an, die zur Grenzbewachung des Memelgebietes eingesetzt wurden. Baumaterialien wurden geliefert und das Sonderkommando „Todt" zusammengestellt, das mit Hilfe der Kriegsmarine mit Vorbereitungsarbeiten begann. Derartige Kriegsrelikte, die man am Strand in Melnragė und Giruliai sieht, sind auch in Frankreichs Normandie zahlreich vertreten. Dort sind die Museen zur Erinnerung an den „D-Day" eingerichtet, den Beginn der Landung alliierter Truppen in der Normandie. Ähnliche von Italienern und Deutschen errichtete Bunker ragen an den Küsten Tunesiens und Libiens, auf den Inseln Zypern und Malta.

Im Frühjahr 1939 planten die Deutschen Bauarbeiten in Klaipėda bei Melnragė und Giruliai. Später wurden in diesen Fortifikationen Küstenartilleriegeschütze montiert. Heute versinken die in Melnrage stehenden Überreste der Militärbefestigungen und der deutschen Betonierungsqualität langsam ins Meer. Die Fortifikationen wurden auch in Kopgalis (Süderspitze) und in Smiltynė (Sandkrug) vor dem Kiaulės nugara (Schweinerücken) gebaut, wo man ein Stück der militärischen Geschichte Klaipėdas bewundern kann: Betonbefestigungen, hinter denen sich Flaksoldaten versteckten. Die bekanteste Wehranlage – die „Schwarze Festung" – richtet ihr Blick auf das Meer in Giruliai, als ob sie des Feindes harren würde. Es sind mehr als 60 Jahre vergangen, doch die in Baudenkmälern verkörperte Geschichte erinnert an jene Zeiten.

Januar 1945: deutscher Soldaten im Sand des Meeresstrandes

KRIEGSGESCHICHTEN

Der grausamste in der europäischen Geschichte Zweite Weltkrieg vertrieb die alteingesessene Bevölkerung der Stadt Klaipėda und fegte den zentralen Teil der Stadt hinweg: den Marktplatz, die Börse, das Rathaus, den Dampferhafen, die Stadtviertel zwischen der Linden- und Dangestrasse, die Siedlung Bommelsvitte. Auch zahlreiche Kriegsgeschichten von Klaipėda sind überliefert worden.

Wie der Befehlshaber der 3. deutschen Panzerarmee Erhard Rauss schrieb, wurden zur Verteidigung des Kurischen Haffs 2 Meter hohe Holzbunker auf Schlitten gebaut. Der Flakbunker konnte zwei bis fünf Menschen mit voller Ausrüstung aufnehmen. Insgesamt wurden ca. 150 Holzbunker errichtet und in Schach-Ordnung am Haff aufgestellt. Auch heute noch kann man die Betonröhre sehen, *Koch-Töpfe* genannt. Die mannshohen Betonbunker mit etwa 60 cm Durchmesser wurden in den Boden hineingelassen. Mit dem verschlossenen Deckel sollten die im Rohr sitzenden zwei Flaksoldaten von heranrollenden Feindpanzern geschützt werden.

Im Sommer 1944 ordnete Hitler die Evakuierung der Zivilbevölkerung an, und bis Januar 1945 wurden 17 670 Menschen (davon 10 670 Flüchtlinge aus dem Umkreis und der Stadt Klaipėda sowie 7 000 Verletzte) auf dem Meeresweg in das deutsche Binnenland abtransportiert. Am Jahresende blieben nur Soldaten, der Volkssturm, die Gendarmerie, Polizei und Luftschutzdienste. Man könnte wohl kaum eine andere Geisterstadt wie diese finden.

Es mangelte an Brennstoff, deshalb wurde eine strikte Sparregelung eingeführt. Lastkraftwagen mussten leere Automobile sogar beim Truppentransport zur Front schleppen. Man versuchte immer mehr Güter und möglichst nahe der Frontlinie auf der Eisenbahn zu befördern. Nachdem die Rote Armee Klaipėda eingekesselt hatte, blieben auf dem Eisenbahnhof 70 Zisternen zurück, die in Ostpreussen benötigt wurden. Ein Offizier der Panzerarmee berechnete, dass zugeschweisste leere Zisternen auf dem Wasser schwimmen können. Tatsächlich, wenn die Experimente diese Vermutung bestätigt haben, schleppte ein Kriegsschiff die ersten fünf Zisternen 175 Kilometer von Klaipėda in den Hafen Pillau (heute Baltijsk). Danach bugsierte der Schiffskonvoi jede Nacht 8–10 Zisternen. Einige davon rissen vom Seil weg und wurden später bei den Kapitänen deutscher Schiffe gesichtet, die der Führung von „russischen U-Booten" berichteten.

Der deutsche Tank „PzKpfw Panter D" in der Burganlage Klaipėdas

DIE EROBERUNG MEMEL

Anfang Oktober 1944 brach die sowjetische Armee nach schwachem deutschen Widerstand in Žemaitija die Front durch. Eiligst versuchte man noch, die Bewohner des Memelgebietes zu evakuieren, doch am 9. Oktober nahmen russische Panzer, die unterwegs Flüchtlingswagen zerqütschten, Šilutė (Heydekrug) ein und erreichten das Kurische Haff. Kaum einige Panzer der Grossdeutschland-Division deckten den Rückzug der Deutschen. Es ist verwunderlich, dass Russen damals die Stadt nicht besetzten, denn der Kommandant Memels hatte nichtmal eine volle Militäreinheit zur Verfügung. Später kamen aus Riga die ersten Einheiten der stehenden Armee mit schweren Geschützen. Sie nahmen ihre Positionen in Schützengräben ein, die hinter Jakai (Jacken) von Stacheldraht und Minenfeldern geschützt wurden. Zum ersten Mal während dieses Krieges setzten Deutsche bei Memels grosse Schiffe der Kriegsmarine und schwimmende Artilleriebatterien zur Unterstützung des Landmilitärs ein. Die Schiffsgruppe „Thiele" – schwere Kreuzer „Lützow", „Prinz Eugen" und Schwadronenminer beschossen die Einheiten der anrückenden Roten Armee. Zur Verteidigung Memels wurden 60 Panzer der Grossdeutschland-Division herangezogen, ebenso das Elite-Regiment der Fallschirmjäger „Grüne Teufel", die 600. Fallschirmjäger-Division und das Schlachtgeschwader *„Immelmann"* unter der Leitung des berühmten Luftasses, Major Hans Rudel. Der Oberbefehlshaber der deutschen Kriegsmarine, Grossadmiral Karl Dönitz, ordnete die bestmögliche Verteidigung der Stadt und des Hafens Memels an, weil dieser Hafen nach dem Verlust der Häfen in Estland und Lettland eine besondere Bedeutung im Ostseeraum erlangte.

Im Januar 1945, als die starke Offensive der 3. Weissrussischen Front in Ostpreussen begann, befahl Hitler am 22. Januar, die Stadt zu verlassen. In der Nacht von 27.–28. Januar, bei 30 Grad Kälte, zogen die letzten Einheiten des XVIII. deutschen Armeekorps zurück. Am 28. Januar, 4 Uhr morgens, verliess der letzte deutsche Soldat die brennende Stadt, und der erste russische Soldat erschien um 8 Uhr morgens. Die Soldaten der 16. Litauischen Division, die die Stadt betraten, mussten wegen Explosionen und Brände zurückziehen, bis Pioniere die Entminungsarbeiten ausführten. Die Geschichte des deutschen Memels endete.

Der 1. Sekretär des Zentralkomitees der Kommunistischen Partei Litauens, Antanas Sniečkus, und „Rapolas Čarnas"

DIE RUSSIFIZIERUNG

Die Umbrüche, die sich nach dem Zweiten Weltkrieg ereigneten, änderten auch die demographische Mappe des Ostseeraumes. Von Leningrad bis nach Wismar breitete sich *Pax Sovietica* aus. Deutsche verschwanden aus den Städten des nördlichen Baltikum. Klaipėda und Gdansk blieben menschenleer und in den von Sowjets kontrollierten Ostseeregionen wurde mit der Russifizierung sowohl aus ökonomischen als auch politischen Gründen begonnen. Der Nobelpreisträger Czeslaw Milosz charakterisierte den Nachkriegswandel an der Ostsee folgendermassen: *„In den Städten hört man die russische Sprache öfter als estische, lettische oder litauische. In der Führung der Kommunistenpartei und unter den hohen Beamten wiegen russische Namen vor, wobei ein Teil der einheimischen Familiennamen zu alltäglich gebrauchten Pseudonymen werden. Moskau zufolge, muss die Bevölkerung der Sowjetunion durchgemischt werden: erst nach der Verschmelzung von einzelnen Völkern im „russischen Meer" wird das Ziel erreicht werden: einheitliche Kultur und einheitliche universelle Sprache. Das Territorium, das früher die baltischen Staaten mit Deutschland verband, das Grenzgebiet Ostpreussens, wurde mit reinen Russen besiedelt, die grösste Stadt Königsberg, in der Kant geboren wurde und sein ganzes Leben verbrachte, wurde als Kaliningrad umbenannt und unterscheidet sich heute nicht von Tula oder Samara. Der Kessel, in dem die baltischen Völker kochen, muss fest verschlossen werden."*

In Klaipėda machte sich die Spannung zwischen den Menschen litauischer und russischer Nationalität spürbar, obwohl in Stalins Zeit niemand einen offenen Ausdruck der Unzufriedenheit wagte. Litauer, an denen die Regierung kein Gefallen fand, wurden verfolgt. Die erhalten gebliebenen Unterlagen zeugen von der Entlassung einiger in der Bildungsabteilung der Stadt tätigen Litauer wegen des Bewahrens angeblich „faschistischer" Literatur. „Faschistische Literatur" nannte man Bücher der Zwischenkriegszeit, und seine Stellung konnte man allein durch den Widerspruch der Behauptung verlieren, dass in Smetonas Zeit Litauer mit Bastschuhen herumgingen und erst die sowjetischen Befreier die Erlösung brachten. Der erste Nachkriegsvorsitzende des Exekutivkomitees Klaipėda Viktoras Bergas verlor seinen Posten Ende 1946, als er Kritik wegen des Verhaltens der sowjetischen Offiziere auszuüben begann. Diese besetzten willkürlich die beste Häuser der Stadt und vernichteten die Innenausstattung. Die russische Sprache dominierte in Klaipėda. Obwohl die Regierung sich um die Illusion der Gleichberechtigung der völker bemühte (wenn der erste Sekretär der Kommunistenpartei Litauer war, so war der zweite Sekretär Russe, und umgekehrt), brachte das Leben eigene Korrekturen hinein. Wenn in einem Laden die angesprochene Verkäuferin nicht in Russisch antwortete, konnte sie sich den Ruf einer „Nationalistin" einhandeln. Umgekehrt allerdings nicht.

In der Fabrik „Trinyčiai"

BERIA

Unter Stalin war Lawrentij Pawlowitsch Beria der allmächtige Innenminister und Chef der Sicherheitsdienste der UdSSR. Allein sein Name erregte Schrecken. Nach dem Tod seines Patrons im März 1953 begann Beria, der in seinen Händen unglaubliche Macht konzentriert hatte, eine Politik zu verfolgen, die zur grossen Verwirrung führte. In dem von Stalin hinterlassenen Vakuum, wenn die Machtkämpfe in Kreml brodelten, bemühte sich Berija um Unterstützung bei den Leitern der nationalen Republiken.

Nach dem Kriegsende ging die Russifizierung der baltischen Staaten in raschem Tempo vonstatten. Russen bildeten die Spitze der Partei- und Sowjetnomenklatura und standen den Betrieben, Verwaltungen und dem Seehafen vor. Die Schriftführung erfolgte in Russich, Sitzungen wurden in russischer Sprache abgehalten, die russische Sprache dominierte auch auf den Strassen. Oftmals waren Litauer, insbesondere im Handelshafen, als Hilfs- und Dockarbeiter oder Verlader tätig, während Russischprachige die Verwaltungsposten einnahmen. Und nicht weil in Klaipėda keine Fachleute der maritimen Berufe ausgebildet würden. Im sowjetischen Kessel mussten die baltischen Völker gut umgeschmolzen werden, deshalb beförderte man zum Hafen Klaipėda Schiffsführer und sonstige Fachleute aus Nikolajew, Murmansk, Odessa. Auf Berias Initiative erschien Ende Mai 1953 der Beschluss des Zentralkomitees der Kommunistenpartei „Sachverhalte der Litauischen SSR", mit dem die „Förderung von nationalen Kadern" zum Ziel gesetzt wurde. In Klaipėda wurden die russischprachigen Einwohner zum Litauischlernen gezwungen, russiche Aushangsschilder, öfentliche Bekanntgebungen und Bussfahrpläne ersetzt. In der Seefahrtsschule wurde eine litauische Gruppe gebildet.

Weinend begannen die Meisterinnen der Spinnfabrik „Trinyčiai" schwierige baltische Wörter zu lernen. Wie denn sonst? Auf Befehl Berias selbst. Damit möchte man nicht scherzen. Schwer zu raten, welche politische Winde aus Moskau später geweht haben gehabt hätten, doch Ende Juni 1953 setzten Nikita Chruschtschow und der Marschal Georgij Schukow Lawrentij Pawlowitsch Berija ab, nach der üblichen Kremltradition als „Volksfeind" und „geheimer Agent" verurteilt und erschossen wurde. In Klaipėda waren jedoch die Nachwirkungen der nationalen Kaderpolitik Berias noch lange spürbar.

Der Personenkraftwagen war damals eine Seltenheit

IN RUINENLABYRINTHEN

Die ersten Nachkriegsjahre nannte man *„Die Stunde Null"*, der Zeitpunkt, der einen völligen Neuanfang eiläutet. Nach dem Krieg musste auch Klaipėda alles von der Null-Zeige anfangen. Laut Ieva Simonaitytė lebten die Städter damals „in Ruinenlabyrinthen". Die „Reinigung" Klaipėdas war eine unikale Erscheinung in der blutigen Geschichte des Zweiten Weltkriegs. Gdansk verlor 92,3 % und das Land Ost-Brandenburg 94,9 % der Einwohner, wobei das ganze Ostpreussen Ende 1946 92,3 % der Bevölkerung einbüsste. Die Stadt Klaipėda verlor die gesamten Vorkriegsbewohner. Viktoras Bergas, der von 1945 bis 1947 Vorsitzender des Exekutivkomitees der Stadt war, erinnert sich, daß bei der Eroberung der Stadt Ende Januar 1945 sechs Bewohner gefunden wurden: *„Das waren zwei 80-90-jährige KleinLitauerinnen, zwei junge, aber völlig verwahrloste weißrussische Kriegsgefangene und zwei polnische Architektinnen, die hier zum Arbeitsdienst eingesetzt waren."* Insgesamt meldeten sich in der ersten Zeit in der sowjetischen Kriegskommandantur 28 Zivilbewohner. Die sowjetischen Sicherheitsorgane konstatierten im Februar 1945, dass beim Nichtvorhandensein der Bevölkerung auch die Agenturarbeit des NKVD eingestellt ist.

Die im Memelland verblieben KleinLitauer wurden als „Deutsche" angesehen. Ieva Simonaitytė bedauerte, dass „die litauischen Memelländer nur deshalb wie Verbrecher behandelt werden, weil sie das Unglück besaßen, viele Jahrhunderte hindurch unter der Herrschaft der Deutschen und in diesen Kriegsjahren auch unter Hitler zu leben." Klaipėda war damals keine angenehme Stadt: Ruinen, Fischgerüche, kriminelles Verhalten der Soldaten und Matrosen. Es mangelte nicht nur an Lebensmitteln, sondern auch an Brennstoff und Wohnplätzen. Im Herbst nahmen die Bewohner ihre Ernte dort ein, wo heute Einkaufszentren und Banken auf dem Friedensprospekt stehen. Besitzern von unbeaufsichtigten Vieh, das in der Stadt aufgegriffen wurde, wurden Strafen bis zu 100 Rubeln oder Zuchthaus bis zu einem Monat angedroht. Die Stadt endete hinter der Siedlung Smeltė (Schmelz), und in Nachkriegsklaipeda, wenn Last- oder Personenkraftwagen eine Rarität waren, gingen die Städter zu Fuss, fuhren Rad oder Pferdewagen.

Nachkriegskindheit

NACHKRIEGSKINDER

Der künftige Journalist Alfonsas Pipiras und seine Familie fuhren 1948 in offenen Lastwagen in Klaipėda ein: *„Auf dem Anhänger eines kleinen Lasters türmte sich unser ganzes Hab und Gut, einige Säcke mit Heu und schwarzscheckige Milchkuh. Zu fünft haben wir uns im kleinen Zimmer einer der drei Baracken, die auf dem Hof des Kinderkrankenhauses Klaipėda standen, niedergelassen, und in der vierten, einem Wirtschaftsbau, richteten wir das kostbare Vieh – die Ernährerin der ganzen Familie – ein."* Nach dem Krieg bettelten aufsichtslose Kinder in Klaipėda. Die Stadt war wegen Taschendiebe berüchtigt. Konkurrenten der Bettler und sich herumtreibender Kinder waren Kriegsinvaliden, die auf den Strassen Harmonika spielten, ebenso Zigeunerinnen, die auf dem Markt zutraulichen Bäuerinnen Zukunft voraussagten.

Um zu überleben, züchteten die Menschen Hühner und Kaninchen, hielten Schweine und Kühe. Wie auf einem Dorf trieben die Kinder morgens die Kühe aus dem Stadtzentrum durch die Libauerstrasse (heute Herkus-Mantas-Strasse) auf die Weide hinter der Eisenbahn und abends wieder zurück. Es mangelte an Formenbrot. Die Eltern arbeiteten, also besetzten morgens die Kinder, in Gruppen eingeteilt, Plätze in Warteschlangen an zwei oder Läden, und eines von ihnen hielt bei der Bäckerei Ausschau, wo zunächst der Brotwagen einbiegt, und rannte um seinen Freunden mitzuteilen. Also kauften alle Freunde in der langen Warteschlange Brot für die ganze Woche ein. Die Nachkriegskinder verbrachten ihre Sommer am Strand in Melnragė, badeten in der Dange, suchten im Wald nach Munition, Granaten und sonstiger Kriegsbeute. *„Wir hämmerten riesige Geschosse mit Ziegeln und freuten uns, wenn aus der glühenden Hülse die Kugel hinausflog",* erinnert sich Alfonsas Pipiras. – *„Ich entsinne mich, wie eines Tages wir mit Freunden eine grosse Menge Geschosse entdeckten und sie in einer aus Ziegeln zusammengebuddelten Ofenimmitation nahe der ehemaligen Musikschule Klaipėda anheizten. In einer halben Stunde ertönte solch eine ohrenbetäubende Explosion, dass wir vor Angst in alle Richtungen des alten Friedhofs rannten. Ein Flüchtling wurde vom russischen Offizier geschnappt und zu den Eltern geführt."* Damals saßen Klaipėdas Kinder in nichtbeheizten Klassenräumen, deren Fenster mit Furnier abgedeckt waren, weil es an Glas fehlte. Mangel herrschte auch bei Schulbüchern, Heften, Federn und Tinte. Die Kinder suchten frühere deutsche Speicher auf und nahmen von dort die Lagerbücher mit, deren eine Seite leer war und schrieben darauf. Welch ein Glück war es, sich in die Kinos „Švyturys" (ehemaliges „Capitol") und „Heimat" (frühere „Kammer-Lichtspiele", später „Baltija") vorzudrängeln, wo im Krieg erbeutete deutsche Filme und sogar der amerikanische „Tarzan" gezeigt wurden!

Der olympische Champion Modestas Paulauskas

MODESTAS PAULAUSKAS

Am 19. März 1945 wurde im Zivilregister der Stadt Klaipėda der fünfte Neugeborene eingetragen. Der Junge war Modestas Paulauskas, den später die Sportjournalisten als „Hybride des Jagdflugzeugs und Bombenträgers im Basketball" nannten. Der künftige Olympia- und Weltmeister, ohne den man sich den Basketball-Club „Žalgiris" in Kaunas kaum vorstellen kann, leidete zusammen mit seinen Gleichaltrigen unter den Nachkriegsknappheiten in Klaipėda, rannte aber in jeder freien Minute zum Sportsaal der Schule. Sein Vater war Schulwächter, die Familie lebte auf dem Dachboden des ersten litauischen Gymnasiums (heute Vytautas-Magnus-Gymnasium), so konnte der künftige Champion bis spät in die Nacht den Ball in den Korb werfen. Das junge Talent fiel dem einsichtigen Trainer Vladas Knašius auf. Noch im Schulalter begann er in der Stadtmannschaft Klaipėda zu spielen. 1962 absolvierte Modestas Paulauskas die Kristijonas-Donelaitis-Mittelschule und verliess die Heimatstadt, um seine Karriere in „Žalgiris" Kaunas fortzusetzen.

Steponas Darius, Teilnehmer des Aufstandes von Klaipėda, der den Basketball nach Litauen brachte, konnte offenbar nicht vorsehen, dass es mehr als nur eine Sportart sein wird. Der Basketball entwickelte sich in Litauen zur zweiten Religion, zum leidenschaftsvollen Spektakel, besonders wenn „Žalgiris" Kaunas gegen den Moskauer Club CASK kämpfte, der für die meisten Litauer die Okkupationsregierung symbolisierte. Vor dem Zweiten Weltkrieg hat Litauen zweimal die Europameisterschaft gewonnen, und 1999 wiederholte die Landesmannschaft, in der drei Klaipedaer – Arvydas Macijauskas, Saulius Štombergas und Eurelijus Žukauskas – spielten, diese Errungenschaft in Stockholm. Die Leidenschaft der Bewohner Klaipėdas für den Basketball wird auch dadurch deutlich, dass die Architekten bei der Projektierung von neuen Wohnviertel Basketballplätze (mancherorts dreieckige) auf den Haushöfen vorgesehen haben, und der Stadtrat beschloss, aus den Haushaltsmitteln vier Basketballplätze einzurichten und sie mit Namen der aus Klaipėda stammenden Basketballmeister zu benennen.

In der Sowjetzeit existierte kein professioneller Sportlerberuf. Der Sport durfte nicht als Erwerbsquelle angesehen werden, sondern zur Herausbildung der physischen Kultur der sowjetischen Menschen dienen. Um bezahlt zu werden, mussten professionelle Sportler Klaipėdas in Fabriken, Schiffswerften und Hafenbetrieben „beschäftigt" werden. Während seiner Karriere im professionellen Club „Žalgiris" wurde die in Klaipėda geborene litauische Basketball-Legende Modestas Paulauskas als Schmied im Eisenbetonwerk Kaunas eingestellt.

Damals schien es, dass Stalin ewig leben wird

STALINS WIRTSCHAFT

Zwei Jahre nach dem Krieg wurden Essensmarken in der Sowjetunion abgeschafft und private Wirtschaftsinitiativen erlaubt, um den Bedarf an Waren und Dienstleistungen zu decken. Stalin wiederholte die Wirtschaftspolitik Lenins, der im bürgerkriegsverwüsteten und von Knappheiten geplagten Russland die NEP – Neue Ökonomische Politik – einführte. Stalin selbst hat es 1949 auch beendet.

Die Wirtschaft erholte sich nach dem Krieg ein wenig. Private Gaststätten, Kioske, Schuhreparaturen, kleine Verkaufsstellen wurden zugelassen. In den Kiosken auf dem Markt verkauften die Kleinhändler legale und illegale Waren wie Rasiermesser, Sensen, Zucker, Garn, Nadeln, Gewürze, Strümpfe und Textilerzeugnisse aus Riga. Es gab sogar wertvolle Füller aus England, Seife „Kipras Petrauskas" aus der Vorkriegszeit und im Krieg erbeutete deutsche Uhren. Nach Riga wurden wertvollere Lebensmittel gebracht: Quark, Butter, Würste, Eier. Die Verwaltung überwachte den privaten Handel. Es war verboten, Zigarretten oder Brot in den staatlichen Läden zu kaufen und auf dem Markt weiter zu verkaufen. Die Bauern verkauften ihre Landprodukte, die sie von eigenen Familien wegnahmen, auf dem Markt, um Geld für Gebrauchsgüter einzutreiben. Auch die Preise wurden wie zur Nazizeit festgelegt. 1947 durften ein Kilo Gurken 40 Rubel, ein Kilo Weißkohl 10 Rubel und 10 Radieschen 3 Rubel kosten. Die Bauern verfügten wenigstens über ihre Landprodukte, doch die Städter mussten für Lebensmittel hohe Preise bezahlen. Lehrer, kleinere Angestellte und Arbeiter lebten sehr armselig, wenn sie versuchten, vom ihren Verdienst den Lebensunterhalt zu bestreiten. Die Löhne waren gering.

1946 erhielt ein Fahrer oder ein Lehrer um die 400 Rubel, Buchhalter 600, Putz-Frauen und Wächter 200 und Arbeiter 250–300 Rubel. Dabei kostete eine Uhr sowjetischer Herstellung 400 Rubel, und für einen Anzug mußte man schon ein halbes Jahr arbeiten. Für 300 Rubel konnte man sechs Liter Wodka oder 5–6 Kilo Butter erstehen. Viel besser hatten es diejenigen, die eine Stelle in einem der Lager oder in einer der Verkaufsstellen für Nahrungs- und Industrieprodukte bekamen.

Stalins NEP endete 1949 mit der Massenkollektivierung, wenn die Bauern in die Kolchosen eingetrieben und private Unternehmer mit horrenden Abgaben belegt wurden. Damals schien es, dass es keine Zukunftshoffnungen mehr gibt und Stalin ewig leben wird.

Von Meeresromantik und Lebensverhältnissen hergelockt

DIE SEEFAHRTSSCHULE

1947 hat das Fischindustrietechnikum seine Türen in Klaipėda geöffnet. Das Wohnheim befand sich nahe der Börsenbrücke, so liefen die künftigen Schiffsführer, Kapitäne, Steuerleute sich morgens in der Dange waschen. Im Nachkriegschaos gab es keine Bequemlichkeiten. Die Lebensmittelportionen – Formenbrot – wurden gegen Essensmarken ausgeteilt. Die Studierenden brachten auch mit, was ihnen die auf dem Lande lebenden Eltern mitgeben konnten, aber auch dort herrschte Knappheit. Äpfel oder Fett wurden mitgebracht. Die Jugendlichen drängelten sich um Arbeit in der Konservenfabrik, wo mit Naturalien – Fischen – bezahlt wurde. Nach einem Jahr wurde das Technikum in die Seefahrtsschule reorganisiert, und die Situation hat sich verbessert. Die Jugendlichen erhielten kostenlose Verpflegung und Bekleidung, allerdings wurden damals die litauischen Lehrer durch russischsprachige ersetzt.

Die Seefahrtsschule, bekannt auch unter dem Namen „Mariachodka" (heute das Litauische Seefahrtskoleg), verlockte junge Menschen in den 60-er Jahren durch Meeresromantik und bessere Lebensverhältnisse: ausser Verpflegung erhielt man ein Stipendium in Höhe von 100 Rubeln. Im Vergleich mit kargen Arbeitstagen in einer Kolchose war es grosses Geld. Die ersten litauischen Gruppen entstanden 1956 während Berijas nationalen Experiment, doch alle Fächer wurden in Russisch unterrichtet. Es gab keine litauischen Lehrbücher, und litauische maritime Terminologie war noch nicht festgesetzt. Die Jugendlichen leisteten ihr Praktikum in Schiffsküchen, als Heizer oder Fischverarbeiter ab. Wer weiss heute, dass das Seemannspraktikum auf dem zum Symbol Klaipėdas gewordenen Segelschiff „Meridian" erfolgte?

In den 80-er Jahren strömten junge Männer aus den nahe liegenden Orten zur Seefahrtsschule nach Klaipėda nicht nur um Meeresromantik zu schnuppern, sondern auch um gut verdienen und Fuss fassen zu können. Die Seeleute bildeten in Klaipėda schon immer eine privilegierte Schicht. Die Arbeit in der Flotte bedeutete gute Löhne, Auszahlungen in Auslandswährung und Einkaufsgutscheine, die den Erwerb importierter Waren im „Albatross" und die Einkommensvergrösserung durch Weiterverkauf von mitgebrachten Boulogne-Regenmänteln, Kaugummi, Schuhen, Jacken, Plastikuhren und Jeans ermöglichten. Die Bewerber für die „Mariachodke" waren damals zahlreich.

Wie Phönix aus der Asche...

RESTAURATOREN

Die Architektur in Klaipėda, die sich unter dem Einfluss der deutschen Städtebautradition entwickelte hatte, wurde am Ende des Zweiten Weltkriegs weitgehenden beschädigt. Das Artilleriefeuer und Bomben zerstörten die Kirchen, die Innenstadt beiderseits der Börse, die Häuser in der Marktstrasse und die Markthalle sowie eines der Stadtsymbole – den *Elefantenspeicher*. Manches fiel der Vernichtung schon in den Nachkriegsjahren zum Opfer.

Die eigentümliche Architektur des Gebietes, die keiner anderen Region Litauens charakteristisch war, erlitt grosse Schäden. Ein Teil der Altstadt – des Epochenspiegels – blieb erhalten, doch damals gab es wichtigere Arbeit, darüber hinaus fanden noch Diskussionen statt, ob man das „deutsche" Erbe schützen muss. Demzufolge errichte die Hilfe der Restauratoren Klaipėda ein paar Jahrzehnte später als Vilnius oder Kaunas. In dieser Zeit waren Gebäude entstanden, die nicht in die Altstadtstruktur hineipassten. Das Kaufhaus „Otto Kadgiehn", später das Geschäft „Lass & Co" in der Siegesstrasse (heute die Kreuzung der Brücken- und Marktstrasse) büsste seine Pilaster und Türme ein. Oftmals waren misslungene Rekonstruktionen keine Schuld der Stadtfachleute: die Entwürfe stammten von Architekten aus Vilnius oder Kaunas, die den räumlichen und urbanistischen Charakter der Stadt nicht kannten. 1972 wurde eine eigenständige Restauratorenwerkstatt in Klaipėda gegründet, die mit komplizierten Restaurierungsarbeiten des Fachwerks begann. Es war nicht einfach, ein zerfallenes Holzstück in der Fachwerkwand durch ein neues zu ersetzen und dabei das Aussen- und Innenbild zu bewahren sowie die Fragen der Wärmeisolierung und der Konstruktionen zu lösen. Eine Herausforderung stellte auch die Restaurierung des Mauerwerks der alten Post, in dem glasierte Ziegel verschiedenen Profils verwendet wurden. Der Schmied Dionyzas Varkalis rettete nicht nur die erhalten gebliebene Kreuze und Zäune nach der Vernichtung der alten Friedhöfe, sondern legte auch das Fundament für die Restaurierung von dekorativem Gussmetall. Bei der Sanierung der Festung in Kopgalis (Süderspitze) stiessen die Restauratoren zum ersten Mal auf die Wiederherstellung von profilierten Eichentüren, ihren Beschlägen, Leuchtern und Fussböden. Im Uhrenmuseum wurden unikale Plastiken, Fenster mit komplexen Profilen, Parkettboden und vergoldete Elemente der Innenausstattung restauriert. Die Arbeit wird fortgesetzt: die ehemaligen Kasernen – heute die Universität Klaipėda – erwachten dank der Restauratoren zu einem neuen Leben.

Das neue Klaipėda

„BRASILIEN"

Noch niemals wurden in Klaipėda so viele Industrie-, Wohn-, Produktions- und Kommerzbauten wie im letzten Jahrzehnt errichtet. Manchmal kontrastieren neue Gebäude scharf mit der alten Architektur und mit ursprünglichen Visionen der Stadtplaner. Doch die ewige Diskussion über das Verhältniss zwischen Neu und Alt – was zu bewahren und was zu ändern ist – gibt dem Imperativ nach, laut dem die urbanistische Zukunft der Stadt auf die Vereinigung von alten Traditionen und neuen Ideen zurückgreifen muss.

Nichts ist ewig. Deutsche Kriegsgefangene aus dem Lager am Mühlenteich um die Kehrwieder-, Steintor-, Schul- und Wellenstrasse befreiten die Straßen Klaipėdas von Trümmern, brachten die Kanalisation wieder in Ordnung und stellten die Kommunikationsnetze wieder her. Der erste Stadtarchitekt, A. Cibas, zog auch Lagerhäftlinge zur Sanierung der Stadt heran: deutsche Topographen und Ingenieure. Die Fundamente für das sowjetische Klaipėda legten somit deutsche Kriegsgefangene. Später wurden auf diesem Fundament die typischen Häuser nach „Lenprojekt" in der Mažvydas-Allee, Herkus-Mantas- und Marktstrasse gebaut. Vor einigen Jahrzehnten endete die Stadt hinter der Kaunas-Strasse, wo Bauernhöfe, mit Wiesen und Büschen bewachsene Sümpfe lagen. Der langjährige Oberarchitekt von Klaipėda, Ričardas Valatka, nannte die Entwürfe der Stadtplanungsspezialisten „brasilianisch", weil damals urbanistische Lösungen der neuen Haupstadt von Brasilien als nachahmungswürdiges Beispiel erschienen. In manchen Projektierungsvisionen zogen sich die Stadt bis nach Priekulė und der Ostsee-Prospekt bis zum Kurischen Haff hin (das soll in einigen Jahren verwirklicht werden), der Eisenbahnhof hätte dort verlegt werden müssen, wo unlängst noch die Strumpffabrik stand.

Klaipėdas Architekten haben neue Wohnviertel entworfen, dort, wo nur noch die Strassennamen – Vaidaugai, Budelkiemis, Kuncai – an die einst gewesenen kleinlitauischen Dörfer erinnern. In den 70-er Jahren wurde mit einer gezielten Formierung des städtischen Architekturkolorits begonnen. Beim Anblick der unifizierten Gräue von Silikatplatten schlugen die Architekten vor, sich auf das Kolorit des Memellandes zu stützen und traditionelle Stoffe – rote Dachpfannen und Ziegeln miteinzubinden, ungestrichen Putz mit roher Oberfläche, Holz und tiefe, saftige Farben zu benutzen. Das vom Architekten Jonas Piparas projektierte Waldviertel wurde zu einer Visitenkarte der nördlichen Stadteinfahrt. Sogar die üblichen Wohnhausviertel in der Mogiliow- oder Smiltelė-Strasse heben Klaipėda aus anderen grauen Wohngebieten der neuen Bauweise im sowjetischen Litauen hervor.

Das Mekka der 70-er Jahre

„ALBATROSS"

Der Mangel an Waren, ihre schlechte Qualität und ständige Warteschlangen gehörten zum sowjetischen Alltag, den in der Zeit der freien Marktwirtschaft geborenen Menschen sich nicht mehr vorstellen können. Doch die Jagd auf Lebensmittel und andere Konsumgüter stellte in den Jahren des „reifen Sozialismus" unter dem Füher der Sowjetunion Leonid Breschnew keine Überlebensnotwendigkeit dar, im Gegensatz zu Stalins Zeiten. Die existenzielle Frage *„sein oder nicht sein"* wurde durch *„haben oder nicht haben"* ersetzt. Auch die Menschen in Klaipėda begehrten qualitätsvolle Auslandswaren, deren Besitz den Gesellschaftsstatus erhöhte. Die Jugendlichen waren um die Imitation der westlichen Lebensweise, darunter natürlich auch um westliches Image bemüht, das als attraktives Aussehen und Möglichkeit zum Erwerb von „Elitesachen" – Jeans, Jacken, Sportschuhen, Hi–Fi Stereoanlagen – verstanden wurde. Die Kommunistenpartei versuchte vergeblich, das Eindringen der Waren- und Kleidungsmode zu stoppen. 1984 verabschiedete das Zentralkomitee der Litauischen Kommunistenpartei einen Beschluss, in dem *„das ungesunde Interesse eines Teils der Bevölkerung an importierten Waren, deren Ssymbolik ideologisch schadhaft ist"* hervorgehoben wurde. Aber auch hohe Funktionäre der Kommunistenpartei, sowjetische Diplomaten und Nomenklaturvertreter wollten *„ideologisch schadhafte Produktion"* in speziellen Verteilungsstellen für Coupons oder Checks erstehen. Es gab Kaufhäuser *„Torgsin"*, *„Insnab"*, *„Vnešposyltorg"*, die zur Versorgung der Ausländer gegen eine feste Währung bestimmt waren. Die Seeleute der Handelsflotte bildeten in Klaipėda ebenso eine privilegierte soziale Kaste und erhielten spezielle Checks zum Einkaufen im Sonderkaufhaus *„Torgmorgtrans"*, welches als Einkaufs- und Produktversorgungsstelle für die Seehandels- und Transportbetriebe diente. Die erworbenen westlichen Waren wurde von Ehefrauen der Seeleute weiterverkauft, die ihre immerhin nicht geringe Familieneinkünfte auf diese Weise aufstockten. Das Haus Nummer drei in der Malūnininkų-Strasse beherbergte das für viele Städter unerreichbare Paradies der materiellen Güter: das Geschäft „Albatross", der sogenannte *„Bons-Laden"*, an dem sich immer Menschen herumdrängten, um die Gutscheine für einen weinige Male höheren Preis zu kaufen. Nach dem Beginn von Gorbatschows Reformen und mit den ersten Ansätzen der Marktwirtschaft, die die Gründung kommerzieller Geschäfte förderten, endete die ruhmvolle Geschichte des „Albatross", und werden die Ehefrauen die Seeleute, jemals eine privilegierte Gruppe in Klaipėda, verloren ihren Sonderstatus. Dazu hat der Verfall der Fischereiflotte „Jūra" („Meer") massgeblich beigetragen.

Libauerstrasse die jetzige Herkus-Mantas-Strasse

KLAIPĖDAS STRASSEN

Der unablässige Wandel der Strassennamen in Klaipėda war von jenen tektonischen Umbrüchen der Geschichte begleitet, die nicht nur Strassennamen, sondern auch die Strassen selbst entfernten. Nach dem Zweiten Weltkrieg orientierten sich die Bewohner Klaipėdas nicht nach der Toponymik, sondern nach Gerüsten der Hauswände. Die Lindenstrasse, deren Namen in mehreren grösseren deutschen Städten zu finden ist, wechselte ihren Namen mehrmals binnen zwei hundert Jahren: Alexanderstrasse (zu Ehren des russischen Zaren Alexander, der Preussen im Kamp gegen Napoleon unterstützte), wieder Lindenstrasse, weil im Ersten Weltkrieg die Deutschen gegen Russland kämpften. In der Autonomiezeit wurde sie in die Antanas-Smetona-Allee umgewandelt und behielt diesen Namen bis zur Machtergreifung durch Nazis, wenn sie zur *Adolf-Hitler-Straße* umbenannt wurde. Nach dem Krieg erhielt sie den Namen des proletarischen Schriftstellers Maxim Gorki, bis die Wiedergeburtsrevolution ihr den historischen Namen der Lindenstrasse zurückgab.

Nachdem 1939 Klaipėda von Nazis besetzt wurde, setzte die Festigung der nationalsozialistischen Identität mit Hilfe von architektonischen und toponymischen Symbolen ein. Die Libauer Strasse erhielt den Namen des Oberbefehlshabers der deutschen Luftwaffe Hermann Göring, und der Kantplatz (heute Klein-Litauer-Platz) wurde zum Platz des Feldmarschalls Hindenburg umbenannt. Unter der Sowjetregierung wurden nicht nur deutsche, sondern auch mit Klein-Litauen verbundene Namen geändert. Wem wurde die Tilsiter Strasse auffallen? Da aber Tilsit selbst nicht mehr existierte, konnte auch der Name der verschwundenen Stadt nicht mehr erwähnt werden.

Seit 1989 wurden sowohl die alten als auch die in den Jahren der Autonomierverwaltung eingeführten Namen schrittweise wiederhergestellt und sowjetische Namen geändert, die ideologischen Charakter besassen. Wieder entstanden die Schlachterstrasse, die Sembritzki-Strasse, die Saürwein-Strasse oder die Kant-Strasse. Allerdings wurde dieser Prozess nicht logisch abgeschlossen. Es blieben keine Komsomol-Strasse und Siegesstrasse (klar, von welchem Sieg die Rede war), keine Nachimow- und Oktoberstrasse sowie keine Strasse der 16. Division mehr erhalten, doch die Pariser-Kommune-Strasse oder der in jeder sowjetischen Stadt anzutreffende „Prospekt der Bauleute" leben fort. Es gibt keine den Namen des Schriftstellers Petras Cvirka, der Stalins „Sonne" 1940 von Moskau brachte, tragende Strasse mehr, doch die mit dem Namen einer anderen „Sonnenträgerin" – der Dichterin Salomėja Nėris – benannte Strasse blieb bestehen. Genauso wie die des von Kommunisten geschätzten Dichters Julius Janonis. Auch neue Namen fanden sich, wobei den Realien jener Zeit Tribut gezollt wurde. Die Komsomol-Strasse wurde durch die Strasse des 15. Januar ersetzt, der Leninplatz wurde zum Platz der Wiedergeburt. Obwohl die Bedeutungsakzente mancher Änderungen erstaunlich ähnlich blieben, klangen sie im litauischen Klaipėda natürlicher.

Demontierung des Lenin-Denkmals am 21. August 1991

LENIN IN KLAIPĖDA

Vor 20 Jahren kursierte in Klaipėda folgender Witz: „Warum ist es in Klaipėda wärmer als in Palanga? Die Antwort: „Weil Lenin in Palanga mit Mantel und in Klaipėda nur mit Jacke angezogen steht." Das von Gediminas Jokūbonis geschaffene Lenin-Denkmal erhob sich 1976 auf dem Lenin-Platz (heute Platz der Wiedergeburt). Damit wurde das alte, mit Tannenbäumen bepflanzte Denkmal erstezt, das am Eisenbahnhof stand. Nachdem die Tannenbäume beträchtlich in die Höhe wuchsen, schien es, als ob Lenin inmitten eines Waldes stünde. Das mit dem Staatspreis ausgezeichnete Werk von Gediminas Jokūbonis war ästhetisch. In Liepaja sah Lenin wie ein massiver Boxer aus, und in russischen Städten stand er in half banditischer Pose da – mit aufgebauschtem Bauch, die Hand in der Hosentasche. Nachdem 1990 der neu gewählte Volksabgeordnetenrat von Klaipėda den Beschluss über die Entfernung der sowjetischen Denkmälern von öffentlichen Plätzen gefasst hatte, wurden sowjetische Armeepanzer zu deren Schutz eingezogen. Erst nach dem gescheiterten Umsturz in Moskau von 1991 verschwand das Lenin-Denkmal aus der Stadtlandschaft Klaipėdas.

Obwohl Lenin in Klaipėda nie gewesen war, transportierte und lagerte seine Partei die Zeitung „Iskra" über Memel von Königsberg und Tilsit. Früher stand auf dem Gelände des Handelshafens ein Gedenkstein mit folgender Inschrift: *„In diesem Haus, das an dieser Stelle 1901–1903 stand, befand sich ein Lagerraum der leninischen „Iskra". Von hier aus wurde die Zeitung illegal über die deutsch-russische Grenze gebracht und über Palanga nach Liepaja, Riga und in andere Städte geliefert."*

Nach Klaipėda war Lenins Mitstreiter N. Baumann gekommen, und zu seinem Andenken wurde eine Gedenktafel im Eisenbahnhof angebracht, die heute die Wand der Bahnhofsbar ziert. Die „Iskra" wanderte dann weiter zur Feinsteins Schenke in Nimmersatt, in der sich Schmuggler versammelten. Auf dem Hof der Schenke stand das Haus des Schmieds August Kugel, der für einen Entgelt Schmuggelwaren, litauische Presse und kommunistische Druckerzeugnisse aufbewahrte. Hätte der Nimmersatter Schmied Kugel damals denken können, dass die in seinen Wirtschaftsgebäuden zusammengestapelten Bündel eine Revolution bewirken werden, die das russische Imperium zerstört?

Der Import wurde „ausgeworfen"...

IN DER GEFANGESCHAFT DES STÄNDIGEN WARENMANGELS

„Den steigenden Bedürfnissen der sowjetischen Volkes immer besser zu entsprechen", – verkündete ein geläufiger sowjetischer Slogan. Nicht besonders gross waren die Bedürfnisse des „sowjetischen Volkes", doch wenn man etwas kaufen wollte, konnte man es ohne Bekanntschaften oder „Blat" („Beziehungen" – spezifischer Terminus, den nur diejenigen verstehen können, die in der Gefangenschaft des Warenmangels lebten) nicht durchziehen. Die Produktion war ja nicht nach dem Gebrauch, sondern nach dem allmächtigen Plan gerichtet.

Auf den Unterlagen des Handelsamtes Klaipėda wurden die Waren in litauisch-russischer Neusprache eingetragen. Mädchenmantel mit „kapischon" („Kapuze"), importierte „kurtke" („Jacke"), weibliche „basanoschkes" und „schliures" („Sandale" und „Pantoffeln"), „bonke" („Flasche") Mineralwasser. Vor dreissig Jahren kostete eine Flasche „Wodka" 3,62 Rubel, Apfelwein 1,17 Rubel, Sekt 5,50 Rubel und Bier „Schigulinis" 0,2l Kopejken. Manchmal geriet auch das Bier „Schigulinis" zu kurz, doch an importierten Jacken oder Mänteln mit Kapuzen mangelte es ständig. 1966 beschwerte sich ein Ehepaar in Klaipedaer Zeitung, dass sie in der ganzen Stadt keine Eheringe erwerben konnten, also mussten die Ringe bei einer „Frau an der Kirche" gekauft werden. Häufig war der Lebensmittelmangel zu spüren, der abhängig von Erdölpreisen und politischen Abenteürn der Sowjetführung sich verstärkte oder abschwächte. Die grosse verschärfte sich 1990, wenn beim Rubelverfall die Menschen die Läden stürmten und leer fegten. Natürlich blieb dort nichts mehr übrig, deshalb führte die Stadt das Warenverteilungssystem ein. 1990 wurden den Mitarbeitern des Busparks Klaipėda zwanzig Möbelkomplekte, fünf schwarz-weisse Fernseher „Šilelis", vier Waschmaschinen und vier Paare von importierten Schuhen. Wie der englische Schriftsteller George Orwell in seiner „Farm der Tiere" feststellte, *„sind alle Tiere gleich, doch einige sind gleicher"*. Die Menschen beklagten sich, dass der Handelsamt ein besonderes Privilegiertenverzeichnis erstellt hatte. Die Liste existierte wirklich. Die Veterane der Kommunistischen Partei, die Untergrund-Partisanen, an der Besetzung Klaipėdas beteiligte Kriegsteilnehmer, Rentner von zentralem oder lokalem Rang, Kriegsbehinderte und Arbeitsveterane besassen Privilegien. Das Privileg, Erbsen, konservierte Tomaten, Koffee oder Mayonnaise zu erstehen.

So haben sich Architekten Leningrader Klaipėda 1950 vorgestellt

DIE WOHNUNGSFRAGE

Im Roman „Der Meister und Margarita" von Michail Bulgakow bemerkte Voland nachdenklich, dass die Bewohner von Moskau eigentlich gute Menschen sind, doch die Wohnungsfrage hat sie verdorben. Weiss etwa nicht jeder, der die Jahre seines bewussten Lebens in der Sowjetunion verbrachte, was die „Wohnungsfrage" bedeutet?

Da der mechanische Bevölkerungszuwachs in Klaipėda einer der grössten in Litauen war, so war auch die Wohnungsfrage in der Hafenstadt besonders aktuell. Die Litauer waren entsetzt darüber, dass die Mitarbeiter sowjetischer Grossbetriebe, Reserve-Offiziere und Umsiedler aus Russland bei der Wohnungszuteilung favorisiert wurden, im Gegensatz zu diejenigen Bewohnern Klaipėdas, die hier geboren wurden und aufgewachsen sind. Sogar Wohnheime – Begleiter einer industrialisierten und depersonifizierten Stadt – gab es nicht genug. Seeleute wohnten auf den Schiffen. Das eigene Dach über dem Kopf war ein schöner Traum. Manchmal musste man diesen Traum mit anderen teilen. „*Sistema koridornaja, na dvadsat komnat odna ubornaja*" („das Korridor-System, auf zwanzig Zimmer ein Klo"), – sang der damals populäre Barde Wladimir Wysozkij.

Am 31. Juli 1957 verkündete Nikita Chruschtschow auf dem Weg in den Kommunismus ein ambitiöses Wohnungsbauprogramm, das die Stadtlandschaften und Leben von Millionen Menschen umwandelte. 1959 begann in Klaipėda die Errichtung von sogenannten „*Chruschtschowken*" – fünfstöckigen Ziegelhäusern, in denen jede Familie sich über eine kleine, vielleicht fünf Quadratmeter grosse Küche und ein noch winzigeres Badezimmer freuen könnte. Immerhin war es eine eigene Küche und ein eigenes Bad. Ein Wunder, sozusagen. Doch dieses Wunder reichte für alle nicht aus. Davon zeugt ein im Archiv des Kreises Klaipėda aufbewahrter anonymer Brief an den Vorsitzenden des Exekutivkommitees der Stadt:

„*Wie schade, dass Sie nicht verstehen wollen, dass es zu viele Russen in Klaipėda gibt, wir haben in unserem eigenen Land keinen Platz mehr zu leben. Ein Klaipėda kann doch das ganze Russland nicht aufnehmen. Hier, in Klaipėda, bauen sie ein neues Haus, und in Moskau werden schon Koffer gepackt, Pässe geschickt, die Anmeldung erledigt, und dann stellen sich schon die Bewohner selbst vor... Wenn Sie eine Kommission bilden und durch die Stadt gehen und überprüfen, wie beqüm die einen leben und die anderen gar kein Dach über dem Kopf haben, dann wäre es vielleicht ein Schritt richtung Kommunismus.*" Die Schritte gen Kommunismus hörten nach drei Jahrzehnten auf, doch die „Wohnungsfrage" existierte weiter.

Die Jeans-Epoche

JEANS

Heute kann niemand mehr sagen, wer der erste Jeans-Besitzer in Klaipėda war. Die ersten Jeans sind unvergesslich, genauso wie die erste Liebe. Und es handelt sich lediglich um Hosen, die aus dem in der französischen Stadt Nīmes gefärbten und von genuanischen Seeleuten angeschifft wurden. Aus der französischen Form des Städtenamens „Gźnes" (Genua) machte die Umgangssprache das Wort „Jeans", und *denim* (aus dem Französichen de *Nîmes*) wurde zu einem Allgemeinbegriff, das den Traum vieler Teenagers der 70-er Jahre kennzeichnete: Hosen, die mehr als durchschnittlicher Monatslohn eines sowjetischen Arbeiters oder Angestellten kosteten.

Man kann es sich heute kaum vorstellen, dass in jener Zeit nur die Arbeiterklasse Jeans trug. Im Westen der 60-er Jahre waren *Denim-Jeans* zur Bekleidung der rebellischen Jugend der *James-Dean-Generation* und in der 70-ern zur Uniform praktisch jedes Zwanzigjährigen geworden. In der Sowjetunion wurden Jeans mit der westlichen Lebensweise in Verbindung gebracht, die von der Regierung als „parasitisch" kritisiert wurde und, wie die Geschichte zeigte, für das System nicht weniger gefährlich als amerikanische Raketen war.

Die westliche Rock- und Jugendbekleidungskultur sowie der dadurch zum Ausdruck gebrachte Protest gegen das unifizierte und graue sowjetische Leben haben die Hafenstadt mehr als andere Städte betroffen. Der von Seeleuten aus den Häfen westlicher Staaten hineingeschmuggelte und mit Labeln „*Levis*", „*Lee*", „*Wrangler*" markierter Traum wurde schnell über Bekannte auf dem Markt, in einer Bierkneipe oder in Berufsschulen vertrieben. Anders gesagt, überall. Manchmal senkte ein Kran des Rybport-Hafens ein Fass über den Hafenzaun hinab, gefüllt mit Jeans, nicht mit Heringen, welches von dort wartenden Männern gleich in Empfang genommen wurde. Die Anfrage war riesengross. Welcher sich selbst respektierende Junge konnte auf dem Tanzplatz Ende der 70-er Jahre ohne Jeans erscheinen? Im Laufe der Jahre demonstrierten Jeans ihre Überlebensfähigkeit nicht nur in Klaipėda. Auch wenn die meisten Kleidungstrends und Stile verschwinden und nach einigen Jahrzehnten wiederkommen, behalten die blauen *Denim*-Hosen den festen Platz auf dem Modepantheon.

Auf dem Schiffsfriedhof im März 1980

SCHIFFSFRIEDHOF

Wenn man mit der Fähre auf Smiltyne von der Neuen Anlegestelle übersetzt und nach links spaziert, findet man Überreste von Holzpfählen, verfallene Gebäude der ehemaligen Netzflickerei und am Haffstrand sieht man aus dem Wasser hinausragende Metallstücke und das Holzskelett vom Segelschiffskiel und Spanten. Es handelt sich um einen „Bruder" des Segelschiffs „Meridianas", das Finnen nach dem Zweiten Weltkrieg als Reparationszahlung der Sowjetunion übergaben.

Die Bucht, die den Stadteinwohnern seit der Mitte der 60-er Jahre als „Schiffsfriedhof" bekannt ist, entstand beim Bau des Fischereihafens. Das Gelände dort war sumpfig, wie überall in Klaipėda, so mussten grosse Mengen von Baugrund für den Hafenbau herbeigeschafft werden. Ohne lange nachzudenken, entschieden sich die Erbauer für die einfachste und billigste Variante. Sie begannen mit der Grundbaggerung im Kurischen Haff, unweit des Eishakens. Der Umweltschutz spielte damals keine grosse Rolle: es wurden etwa 100 Meter des Haffstrandes und eine ganze Dünenspitze abgetragen. Auf diese Weise hat sich eine vom Nord- und Nordwestwind geschützte Bucht herausgebildet, zu der einige Jahre später Schiffe zur Durchführung von Deratisierung und Netzreparaturen gebracht wurden. Bei Deratisierung wurde das Schiff maximal luftdicht gemacht und mit Gas vollgepumpt, danach gründlich gelüftet. Also eignete sich der entlegen Schiffsfriedhof bestens für diesen Zweck. Auf dem Schiffsfriedhof wurden hölzerne Fischerboote, abgeschriebene Flussschiffe und antriebslose Bargen, die zum Umschmelzen bestimmten Fischereischiffe angelegt und die auf Grundrenovierung wartenden Schiffe abgeschoben. So vieles liegt auf dem Boden der Schiffsfriedhofbucht. Nach dem Beginn der Bauarbeiten am Meeresmuseum wurden die aus der Kriegszeit verbliebenen Sprengstoffe zu diesem Ort abtransportiert und dort zerstört. Später wurde die Bucht von den meisten Metallüberresten gereinigt, doch wer weiss, welche abgediente Schifffahrtsrelikte noch unter dem Wasser verrosten.

...und Klaipėda roch nach Heringen

HERINGE

Bis 1950 fischten die Fischer Klaipėdas nur auf der Ostsee und dem Kurischen Haff, doch im Sommer 1950 fuhren zwei Fischereischiffe zum ersten Mal in den Nordatlantik hinaus. „Die Eröffnung des Atlantik" – eine intensive Fischerei auf der Nordsee und um die Insel New Foundland im Westatlantik begann 1957 bereits während der „Tauwetterperiode" Chruschtschows. Der Staat brauchte Nahrungsmittel, und die billigste Nahrung schwamm in den Meeren herum. Nach dem sich die Fischereigebiete verschoben hatten, änderten sich auch die Arten von gefangenen Fischen. Wenn 1951 Dorsche 50 % und Heringe 32 % an der von Fischern Klaipėdas gefangenen Fischmenge bildeten, so hat sich dieses Verhältnis 1960 wesentlich verändert. Dorsche machten nur 18 % aus, wobei der Anteil der gefischten Heringe bis auf 64 % angewachsen war. Auf Expeditionen der ozeanischen Fischereiflotte wurde barbarisch gefischt. Die drei Kilometer langen Schwimmnetze, in denen 60 Tonnen Heringe hineinpassten, mussten manchmal abgeschnitten und zum Verrotten auf dem Ozeansgrund zurückgelassen werden. Um die Umwelt kümmerte sich damals kaum jemand.

Die Menschen wollten essen. Heringe wurden in Fässern zu 100–120 kg gesalzen. Im Winter mit Köpfen, im Sommer – ausgenommen. Wenn die schwimmenden Basis „Salomėja Nėris", „Petras Cvirka", „Marytė Melnikaitė" in den Hafen zurückkehrte, roch das ganze Klaipėda nach Heringen. Im Fischereiviertel Klaipėdas oder *Rybport* entstanden die Konserven- und Fischverarbeitungsbetriebe, die Verpackungsfabrik und die Netzflickereien, Fischereischiffe und schwimmende Basis wurden gebaut. In unmittelbarer Nähe des Haffs wurden finnische Holzschildhäuser errichtet. Nach typischen Entwürfen von Leningrader Architekten erhoben sich neue Wohnhausviertel in den Nachimow- und Popow-Strassen. Im Restaurant „Jūra" („Das Meer") sassen gern Seeleute nach schwieriger Hochseearbeit. Für Klaipėda kann man teilweise den Spruch des Vorkriegsgeographen Kazys Pakštas anwenden, mit dem er Dänemark und Holland als über Heringsleichen gegründete Staaten charakterisierte. Das Fischereiviertel in Klaipėda ist ebenfalls auf den Leichen von Atlantikheringen entstanden.

Das Gotteshaus wurde zur Filharmonie

OPIUM FÜR DAS VOLK

Der deutsche Autor Dietmar Albrecht bemerkte einst, dass der flachen Landschaft Klaipėdas Kirchtürme fehlen, die die Stadt nach oben heben würden. Die Kirchtürme hätte man nach dem Krieg wiederaufbauen können, jedoch fielen sie im ungleichen Kampf mit der sowjetischen Regierung. Nach dem Krieg hielten die Katholiken Gottesdienste in der kleinen, vielleicht ein paar hundert Menschen beherbergenden Kirche in der Bokštų Strasse, aber bei der immer steigenden anzahl der litauischen Katholiken in der Stadt konnte diese Kirche alle Gläubigen nicht aufnehmen. In der Zeit Stalins, wenn die Religion als „Volksopium" betrachtet wurde, konnte es vom Bau eines neuen Kultobjektes keine Rede sein. Erst nach dem Beginn der „Tauwetterperiode" Chruschtschows wurde 1957 die Genehmigung für den Bau einer neuen Kirche auf dem sumpfigen Gelände am Stadtrand ausgestellt. Die Gläubigen, die Rubeln und von Verwandten zugesandten Dollars spendeten und selbst an den Bauarbeiten teilnahmen, hofften schon nach vier Jahren im neuen Gebetshaus die Einzugsfeierlichkeiten halten zu können, doch bliesen aus dem Kreml neue Winde. Als die neuen Bestimmungen aus Moskau kamen, haben die litauischen Kommunistenführer nicht lange überlegt, umsomehr dass auch Sniečkus Meinung nach die Religion „Volksopium" war. 1961 haben die Sicherheitsbeamten die Kirchenerbauer festgenommen: die Priester Bronius Burneikis, Liudas Povilionis und andere Menschen, die in einem Jahr zu langen Haftstrafen verurteilt wurden. Manche auch mit Vermögensbeschlagnahme. Die vorgelegte Anklage enthielt Spekulation mit Baumaterialien, Verschwendung von Staatsmitteln und Währungsspekulation. *„Ihr Gott ist der Dollar"*; *„Das Pfarrhaus als Spekulantennest"*; *„Schindler in schwarzen Soutanen",* – flimmerten die Überschriften in der Presse des kommunistischen Litauen.

Mächtige russische Lastkraftwagen unter Aufsicht von einigen hunderten sowjetischer Milizen konnten den mit Seilen umgebundenen Turm nicht herunterstürzen, also wurde es von sowjetischen Panzern erledigt. Die Überreste des Betonturms und des Altars wurden im Teich am Šilutė-Chaussee versenkt. Das beschädigte und nicht geweihte Gotteshaus wurde zur Filiale der Filharmonie der Litauischen SSR. Immerhin besser als im benachbarten Königsberg, wo in ehemaligen Kirchen Farmen eingerichtet wurden.

Der Wiederaufbau der Kirche, 1989

DIE RÜCKKEHR VON MARIA DER FRIEDENSKÖNIGIN

Die Nachricht über die Verfolgung der Gläubigen und die Wegnahme der Kirch resonierte in der ganzen Welt. Das Vatikan-Radio und die meisten anderen freien Radiosender, religiöse Organisationen im Ausland erinnerten ständig an die Verletzung der Glaubensfreiheit in der sowjetunion. Nach der Beschlagnahme der Kirche von Maria der Friedenskönigin in Klaipėda sandten litauische Katholiker Petitionen nach Moskau mit der Forderung, die Kirche an die Gläubigen zurückzugeben. Die Petition von 1979, die an Leonid Breschnew, Generalsekretär der Kommunistischen Partei gerichtet war, wurde von 148 149 Personen unterzeichnet. Es waren 4 % aller erwachsenen Bewohner Litauens. Die Unterschriften wurden heimlich überführt, weil die Sicherheitsbeamten diejenigen verfolgten, die sich an der Bewegung der Kirchenverteidigung aktiv beteiligten. Dabei handelte es sich um die grösste Petition dieser Art in der Sowjetunion, wo man über die Religionsrechte nur theoretisch sprechen konnte. Der Kampf endete mit dem Sieg in den Jahren der Perestrojka. Am 17. Juli 1987 erlaubte die Führung der litauischen Kommunistenpartei der Regierung, 1989 das Filharmoniegebäude für den Bedarf der katholischen Gemeinde zu übertragen. Nach drei Tagen verabschiedete der Litauische Ministerrat folgenden Beschluss:

„*Das Exekutivkommitee der Stadt Klaipėda und das Kulturministerium werden verpflichtet, 1987–1989 der Frage über die Verlegung der Klaipedaer Filiale der Staatsfilharmonie der Litauischen SSR aus den Gebäuden in Rumpiškės Str. Nr. 6 in die andere, für diesen Zweck mehr geeigneten Räumlichkeiten nachzugehen, und die freigegebenen Gebäude der katholischen Religionsgemeinde der Stadt Klaipėda zu übertragen.*" Unterschriften, Stempel. Alles war wie es sein sollte. Es schien, die Frage wäre gelöst. Die Kommunisten haben die Kirche weggenommen, die Kommunisten haben sie zurückgegeben. Doch haben sie etwa Reue in dieser Kirche geleistet und um Vergebung beim Pfarrer Liudas Povilionis gebeten, der zu 8 Jahren Haft verurteilt wurde, oder beim Pfarrer Bronius Burneikis, der auf 4 Jahre und Benediktas Alsys und Juozas Mikalauskas, die auf 5 Jahre Haft verurteilt wurden?

Wreck der „GLOBE ASSIMI" an der Nordermole

NATURGEWALT

Starker Wind, der Festlandbewohner verwundert und sich an Häuserwände zu stützen zwingt, Bäume und Verkehrszeichen hinausreisst, gehört zum Frühjahrs- und Herbstalltag in Klaipėda. Der Orkan „Anatolijus", der Ende 1999 wütete, schwemmte die Dünen von Melnragė weg und legte eine Pyramide von jemals sandverwehten Fischerbooten frei, stürzte Bäume um und unterspülte Betonkais. 1981 überwältigte der Sturm am Hafeneingang Klaipėda das griechische Tankerschiff *„Globe Assimi"*, aus dem riesige Ölmengen hinausfliessen und der litauischen Ostseeküste ungeheuren Schaden anrichteten. Auch das Haff konnte gefährlich sein. 1814 war der Reisende P. Rosenwall beinahe ertrunken, als plötzlich ein Gewitter über das Haff ausbreitete, obwohl das Meer ganz friedlich war. „Ein preussischer Nationalfluch „Dass dich das kurische Wetter befalle" bezeichnet die Tücke dieses Gewässers", – bemerkte er.

Obwohl die Klaipedaer zahlreiche Stürme erlebt haben, war wohl keiner dem Orkan gleich, der im Oktober 1968 hier tobte. Es sah aus, als ob jemand mit einer Egge über den Handelshafen gefahren wäre: alle Platten standen aufrecht. Die fünfstöckigen *„Chruschtschowken"* (in Chruschtschows Zeiten gebaute Wohnhäuser) büssten ihre Schieferplatten an den Balkonen ein. In Giruliai, Melnragė, im jetzigen Skulpturenpark und damaligen alten Stadtfriedhof wurden jahrhundertealte Bäume entwurzelt. Der Park von Klaipėda neben der heutigen Universität, sah wie eine gigantische Rodungsstelle aus. Der Orkan hat auch die Holzbrücke in Palanga weggerissen. Der Botanische Garten in Palanga und die Kurische Nehrung wurden stark beschädigt. Auf der Nehrung hat der Orkan ca. 200 ha Wald vernichtet. Es wurden etwa 4 mio. Kubikmeter Sand von den Stränden Smiltynė, Giruliai, Melnragė und Palanga weggespült. Derartige Stürme gab es auch früher. Am 3. November 1801 zerstörte der Sturm die Südermole an der Spitze der Kurischen Nehrung. Während des Sturms von 1829 wurden die Grundstücke der Bewohner von Smiltynė vollständig weggeschwemmt, die Bauten weggetragen und die Dünenbefestigung beschädigt. Die unbarmerherzige Arbeit der Dünenvernichtung wird bei den aufgrund des Klimawandels immer häufiger werdenden Stürmen fortgesetzt.

Der Schlepper im Hafen Klaipėda. März 1980

RETTUNGSKRÄFTE

Auf den Hafengewässern kann man die ständig herumschwirrenden tüchtigen Schlepper sehen, die kein spürbares Interesse im Gegensatz su Kreuzfahrtschiffen oder grossen Seefähren erwecken. Genauso wie Rettungsschlepper, ohne die das Leben auf den Meeren unvorstellbar ist. 1964 wurde der in Finnland gebaute, hochseetüchtige Rettungsschlepper im Hafen von Klaipėda angeliefert. Später wurde es nach dem legendenumwobenen kleinlitauischen Hügel – „Rambynas" – benannt. Es handelte sich um einen Schlepper, der für Rettungsoperationen von grossen Fischereischiffen bestimmt war. Die früheren Rettungsschiffe wurden zur Versorgung von mittelgrossen Fischerei-Trawlern eingesetzt, doch als Klaipėda zum wichtigsten Fischereihafen der Ostsee wurde, benötigte man auch neue Rettungsausrüstung. Mit speziellen Pumpen konnte „Rambynas", wenn 24 Schläuche zusammengefügt wurden, 2 000 Tonnen Wasser in einer Stunde auspumpen. Die mobilen Pumpen ermöglichen es, 60 Tonnen Wasser in einer Stunde auszupumpen. Das Schiff besass auch spezielles Feuerlöschsystem, das Unterwasser-Schweissgerät und das Taucherteam. Nach einigen Jahren wurden die Rettungskräfte durch die schon gebauten Schlepper: „Kastytis" und den mächtigen „Stroptyvyj". Zunächst waren die Besatzungen dieser Schiffe erstaunlich gross – jeweils 40–45 Mann. Die in Schichten Wache haltenden vier Radisten, die SOS-Signale auffangen sollten, fünf Mechaniker, einige Steürleute, Seeleute, und wenn die Besatzung aus mehr als 20 Personen bestand, sorgte der Erste Offizier für ihre moralische Festigkeit und Übertragung der Ideen der Kommunistenpartei.

„Rambynas" hat seine Lebtage gleich wie die meisten abgedienten Schiffsveterane beendet. 1990 wurde es in Spanien für Metallschrott zerschnitten.

Kapitän Jonas Pleškys

DER MANN AUS DEM „ROTEN OKTOBER"

Das Atom-U-Boot „Der Rote Oktober" verlässt die U-Boot-Basis „*Poliarnyj*" unweit Murmansk, und nur sein Kapitän weiss, dass es seine letzte Aufgabe sein wird. Nach einiger Zeit wird der „Rote Oktober" von allen auf dem Nordatlantischen Ozean befindlichen Schiffen gejagt, und die Amerikaner schlagen Alarm, wenn sie an ihre Ufer sich nähernden Atomschiff sehen, das ein halbes Amerika wegfegen kann. Die Jagd nach dem Schiff beginnt. Das Prototyp des bekannten Films nach dem Roman „Die Jagd nach dem Roten Oktober" von Thomas Clancy war der in Klaipėda zum Dienst eingesetzte Leutnant der Kriegsmarine Jonas Pleškys, mit dem Clancy sich in Amerika getroffen hat.

Im Höhepunkt des Kalten Krieges zwischen der Sowjetunion und den Vereinten Staaten erschien am 7. April 1961 ein sowjetmilitärischer Motorfrachtkahn mit beschädigtem Kompass an den Ufern der Gotlandinsel. Die ganze Besatzung ausser dem Kapitän und einem Seeman war fest davon überzeugt, dass sie sich auf richtigem Kurs dem Militärhafen Liepaja nähern. Der Kapitän Jonas Pleškys stieg zusammen mit seinem Offizier aus dem Schiff, um den Schiffskörper nachzuprüfen und kam nicht zurück. Jonas Pleškys war 1935 im unabhängigen Litauen geboren, das in fünf Jahren von sowjetischen Okkupanten betreten wurde. Seine Eltern wurden nach Sibirien deportiert und starben dort. Im Nachkriegschaos konnten Jonas Pleškys und vier seine Schwestern dem Schicksal ihrer Eltern auszuweichen. 1959 hat er die Kriegsmarineschule in Leningrad abgeschlossen, diente in einer Flotte und wurde später zum Kapitän eines Motorfrachtschiffes in Klaipėda, wo eine kleine Flotte von Spionage-U-Booten stationiert war. Sein Schiff versorgte die Flotte der sowjetischen Atom-U-Boote und verfrachtete chemische Abfälle in den Militärhafen Liepaja, ebenfalls versenkte sie in neutralen Gewässern.

Für diesen Sprung über den eisernen Vorhang und die Schiffsentführung nach Westen wurde Jonas Pleškys am 22. August 1961 vom Kriegstribunal der Ostseemarine zur Todesstrafe in Abwesenheit verurteilt und ging als Prototyp der Hauptgestalt eines der berühmtesten Kalten-Krieg-Filme in die Geschichte ein.

Der Blick auf die Freiheit...

SPRUNG ÜBER DEN „EISERNEN VORHANG"

„Was würde passieren, wenn die Grenzen plötzlich geoffnet würden?" – irrte jene Ankedote in Breschnews Zeiten herum. – „Man müsste zur Seite springen, damit die Laufenden uns nicht zerstampfen."

Die besten Möglichkeiten hinter dem „Eisernen Vorhang" zu schlüpfen hatten die Seeleute, die nach gründlicher Überprüfung Auslandsfahrten unternahmen. Die Häfen waren schon immer fremden Einflüssen offen, deshalb mussten die Sicherheitsbeamten in Klaipėda besonders scharfäugig sein. Den Litauern traute man nicht. Wie Dokumente bezeugen, nicht unbegründet. Angespannt und schwierig war die Arbeit der etatsmässigen Sicherheitsleute – der ersten Erste Offizier –, politische Stimmungen der Besatzung zu beobachten und sicherstellen, dass die jeweils zu dritt das Schiff verlassenden Seeleute aufeinander scharf aufpassen. Die ersten, die „Stalinns Sonne" gegen den „verrotteten Kapitalismus" tauschten, waren der Kapitän L. Kublickas, der Meister J. Grišmanauskas und der Matrose E. Paulauskas des kleinen Fischerei-Trawlers MPT-85 „Samum", die 1951 drei andere Besatzungsmitglieder in der Kajüte eingesperrt und in schwedischen Hoheitsgewässern auf die Åland-Insel mit einem Boot geflüchtet haben. Alle drei wurden in Abwesenheit zu Tode verurteilt. 1955 blieb der Seemann eines Fischerei-Trawlers, Pranciškus Adomavičius, im dänischen Hafen. Am 18. Juli 1963 wandten sich die Matrosen des Tankerschiffs „Alytus", J. Vaitkevičius und A. Bibrys, im Hafen von Halifax an die kanadische Regierung mit der Bitte um politisches Asyl. In der Tauwetterzeit waren sowjetische Gerichtsurteile gelinder geworden: die beiden Seeleute wurden „nur" für 10 Jahre Haftarbeit in Abwesenheit verurteilt. Am 11. Oktober 1968, wenn das Motorschiff „Igarkales" im Brüsseler Hafen stand, kam der Matrose Juozas Gurskas nicht von der Stadt zurück. Im August 1972 bat Vytautas Gadliauskas, Radist des Fischereischiffes „Wischera", um politische Aufnahme in einem Hafen Griechenlands. Im Februar 1973, als das Tankerschiff „Žalgiris" im Hafen Kiel weilte, kehrte Eugenijus Mežlaiškis, Matrose des Kühlschiffhafens Klaipėda, nicht auf das Schiff zurück. Am 16. August 1974, als das Schiff „K. Preikšas" sich im französischen Hafen Boulogne-sur-Mer aufhielt, floh der Radiooperator Jonas Stankevičius aus dem Schiff und richtete sich an die Regierung mit der Bitte um politisches Asyl. Wenn man bedenkt, dass die Seeleute besonders gut unter die Lupe genommen waren, ist diese Flüchtlingsliste beeindruckend lang.

Der grosse Fischereischiff „Jonava" im Hafen St. Johns, Kanada

GEFÄHRLICHE VERSUCHE

„Ich dachte, auf dem Meer die Tragödie meines Volkes vergessen und dem unablässigen, grausamen Bild entfliehen zu können: es gab keine Woche, in der geschundene Partisanenleichen irgendwo auf den Platz einer Kleinstadt nicht hingeworfen würden. Ich wollte dem Hunger entkommen, der in Kolchosen wütete, vor Ungerechtigkeit und Leibeigenschaft fliehen. Es ist mir peinlich zuzugeben, doch die gleiche Ungerechtigkeit und Diskriminierung habe ich auch in der Flotte vorgefunden", – sprach auf dem Gericht der ehemalige Seemann, der am 23. November 1970 an der Küste Amerikas vom Schiff „Sovetskaja Litva" auf das Deck eines US-Küstenwachbootes sprang. Die Amerikaner brachten ihn zurück auf die schwimmende Basis, wo er zusammengeschlagen und gefesselt wurde. Simas Kudirka war zu zehn Jahren Haft verurteilt, doch später freigelassen und erhielt die Erlaubnis, mit seiner Familie in die Vereinigten staaten auszureisen. Der Fall von Simas Kudirka erfuhr eine breite Resonanz, doch nicht weniger interessant ist die Flucht des Vilniuser Ringkampflehrers A. Sakalauskas.

Er war kein Seemann, flüchtete aber mit Hilfe des Erste Offiziers Wladimir Schorochow, der auf einem Schiff der Wladimir-Lenin-Fischereikolchose Ventspils tätig war, im August 1985 nach Schweden. Bei den Fluchtvorbereitungen fand er Arbeit in einer Schwimmhalle und trainierte einige Monate sehr intensiv. Am vereinbarten Tag bestieg A. Sakalauskas das Fischerschiff. Sein Freund stellte ihn dem Kapitän unter dem Vorwand einer Schiffsbesichtigung vor und versteckte ihn später im Netzraum, wo A. Sakalauskas drei Tage lang lag. Am dritten Tag hat der am Steür seinen Dienst ableistende Schorochow den Kurs geändert und führte das Schiff ins schwedische Hoheitsgewässer um die Åland-Insel hinein. Die ganze Besatzung ausser dem Mechanikerhelfer schlief. Die beiden fesselten den Mechanikerhelfer, banden die Tür vom Schiffsanbau zum oberen Deck mit Draht zu und verschloss die Tür zwischen dem Schiffsanbau und dem Schiffssteürungsraum. Wenn das Schiff auf eine Sandbank lief sprangen beide ins Meer, doch der Freund trug seine Kleidung und den Rettungsrind noch dazu, so konnte er nicht schwimmen. A. Sakalauskas gelang es, die Åland-Insel zu erreichen, und Schorochow wurde von Schiffsbesatzungsmitglieder, die mit dem Rettungsboot kamen, aus dem Wasser gezogen. Als ein Korrespondent der Stockholmer Tageszeitung „*Dagens Nyheter*" Sakalauskas fragte, warum er sich für die Flucht entschieden hatte, antwortete er, die Sowjetunion niemals als seine Heimat angesehen zu haben. Die Heimat war für ihm das untergeworfene Litauen, wo er von Russen immer gefragt wurde, warum die „Faschisten" Litauer sie gar nicht mögen.

In Karkelbeck

BERNSTEIN AM STALLSCHLÜSSEL: TIEDECKS KARKELBECK

Auf einigen Grabsteinen des alten, in der Nähe des Meeres liegenden Karkelbecker Friedhofs kann man die Namen Tiedecks sehen. Martin Tiedecks wurde in Graumene nahe Plicken, in einer Bauernfamilie geboren. In den Kriegsjahren geriet er nach Deutschland und hat seine Heimat erst nach 50 Jahren wiedergesehen. Die von Tiedecks nachgelassenen Erinnerungen stellen ein einzigartiges Kulturdenkmal des verschwundenen Memellandes der Vorkriegszeit dar. Wie er schreibt, „*haben wir burisch gesprochen. Diese Bezeichnung stammt vom deutschen Baür, Bur. Zwischen der Stadt Memel (Klaipėda) und solchen entlegenen Winkeln wie Plicken gab es schon Unterschiede. Wir waren Buren, die anderen – Städter, die deutsch sprachen. Und wenn wir zur Stadt gingen, sprachen wir deutschen, aber untereinander burisch.*"

Die Erinnerungen des alten Memelländers über Karkelbeck, das in Quellen des 16. Jahrhunderts erwähnte Fischerdorf, in dem sich heute ausser dem Meer, das den steinigen Strand umspült, alles verändert hatte, müsste man vollständig zitieren: „*Unsere Vorfahren waren Fischer und Seeleute. Die Fischergehöfte standen zwischen den Dünen, unweit des Strandes. Wenn wir das Fenster öffneten, konnten wir das Rauschen des Meeres hören. <...> In der Hütte wurden Netze und sonstige Fischerwerkzeuge aufbewahrt. Im kleinen Stall quieckte der Schwein und meckerte die Ziege. Damit der Stallschlüssel nicht verlorengeht, hatte man daran ein Stück Bernstein angebunden, gross wie eine Faust. Aus dem Brunnen wurde das Wasser nicht mit dem Schwingbaum, sondern mit der um das Zylinder angewundenen Kette gezogen. Neben der Wohnung wollten die Äpfel nicht wachsen. Weiter von ihrer Höfen entfernt hatten die Fischer ihre Landgründstücke, auf denen etwas Getreide und Rüben wuchsen.*

In Karkelbeck lebten die Nachbarn nahe beieinander. An der Wohnungen trockneten und räucherten die Fischer ihren Fang. Der Vater brachte uns bei, dass Fische nur zwei Stunden nach dem Fangen richtig gut schmecken. Unweit von Tiedecks Hof endete Karkelbeck, hinter dem Bach begannen die Gebüsche, die sich über Försterei und Melnraggen bishin zu Memel erstreckten. In Richtung Nimmersatt war Karkelbeck sehr lang. Lange Strecken des strandes waren leer. Dehslab war unsere Küste von Sommerfrischlern geliebt, die Stille und unberührte Natur begehrten." Das einfache und natürliche Rythmus des Küstenlebens prägte jahrhundertelang ganze Menschengenerationen von Karkelbeck.

Zukunft der Stadt

WAS HAT EIN DDR-JOURNALIST KLAIPĖDA ERLEBT?

Im kommunistischen Ostdeutschland funktionierten die Kontrolle- und Propagandamechanismen nicht schlechter als in der Sowjetunion. Sogar in den Regionen der deutschen Kultur musste die deutsche Vergangenheit nur von ideologischem Standpunkt aus eingeschätzt werden: sowjetische Errungenschaften preisen und die „Revanchisten" aus der BRD verurteilen.

In dem 1969 herausgegebenen Buch „Klaipėda: endlich eine Stadt mit grosser Zukunft" sparte der DDR-Journalist Harold Kreft nicht mit Lob für die Hafenstadt, in der *„gemütliche Wohnungen in riesigen Hausvierteln gebaut werden, mit ordentlichen Grünanlagen, viel Licht und Sonne"*, die weit ausserhalb der Sowjetunion als Schiffsbau-Stadt bekannt ist, und *„der konservierte Fisch aus Klaipėda nicht allein in der Sowjetunion hoch geschätzt wird. Der Afrikaner in Gana, Nigerien und Guinea kauft es ebenso gern wie auch der Arab; sogar die Länder, die Fischkonserven selber herstellen, importieren sie aus Klaipėda."* Abends in der Stadt, – schrieb der Journalist, – die Menschen lernen oder sehen fern, *„wie in jedem kultivierten Land, werden moderne Tänze getanzt, und niemand wundert sich, dass junge Mädchen (und nicht nur sie) in Mini-Kleidern zum Tanzen (und nicht nur dorthin) gehen"*, und *„die berüchtigten Hafenviertel, der demoralisierende Vergnügungstrubel, die Verbrechen, an denen es in den Hafenstädten der westlichen Welt nie mangelt, – diese Dinge sind hier fremd."* Und die ausländischen Seeleute? Laut Kreft, sind französische Seeleute materiell nicht gut versorgt, verhalten sich aber bescheiden, die Holländer kommen zum internationalen Seemansclub in Arbeitskleidung und trinken viel, die Seeleute aus Westdeutschland benehmen sich höflich, doch wollen den litauischen Namen Klaipėda nicht akzeptieren und nennen immer wieder die Stadt Memel. Und die sowjetischen Seeleute sind, dem Ostdeutschen zufolge, sogar abends in den Restaurants sehr diszipliniert. Fürwahr hat der ostdeutsche Journalist ein ausgesprochen positives Bild der Stadt Klaipėda von 1969 in seinem Buch gezeichnet, das in dem von der sowjetischen KGB kontrollierten Verlag erschien.

Litauische Soldaten bewachen die Ausladung der Litas, 1922

GELDREFORMEN

Wieviele Währungsreformen und Geldwertschwankungen hat denn Klaipėda im Laufe des ganzen unruhigen 20. Jahrhunderts gesehen? Das 20. Jahrhundert begann mit der deutschen Reichsmarke, die nach der Abtrennung des Gebietes von Deutschland mit besonderen Stempeln des Memelgebietes versehen wurden. In der Franzosenzeit wurde das in München gedruckte Notgeld in Umlauf gesetzt. Die Hyperinflation von 1923, die über Deutschland hinwegfegte, hat auch das Memelgebiet betroffen. Wenn jemand in Deutschland eine Tasche mit Geld im Laden vergass, so würde er höchstwahrscheinlich nur das Geld, nicht die Tasche wiederfinden. Im Memelgebiet gab es diese Anekdotensituationen nicht, doch in Šilutė und Klaipėda entstand Mangel an Lebensmitteln, weil die Bauern ihre Produkte nicht für das schwache Notgeld verkaufen wollten: gleich in der Nähe, hinter der Grenze, wurde der starke Litas eingeführt. Der starke Litas herrschte im Gebiet bis zum Frühjahr 1939, wenn die mit dem Hakenkreuz gekennzeichnete Reichsmarke zurückkehrte und bis Anfang 1945 im Umlauf war. In der Sowjetzeit sahen die Klaipedaer verschiedenste Tauschmittel: Essensmarken, Tscherwonzen, Dollars, Wneschtorgbank-Checks, die im Volksmunde „Bons" hiessen. 1947 wurden 10 alte Rubeln gegen einen neuen gewechselt, und am 1. Januar 1961 hat die Geldreform den Rubel wieder zehnmal denominiert. Gewechselt wurden nur die in den Sparkassen befindlichen Rubeln, deshalb setzte nach einer Gerüchtewelle der Einkauf von Währung und wertvollen Metallen ein. In Klaipėda war der sogenannte „Fall der Währungsschieber" bekannt, wenn einige Personen zum Tode verurteilt wurden. Am ersten Neujahrstag wurde verkündet, dass die Münzen von ein bis fünf Kopeken nicht gewechselt werden und deren Nominal gültig bleibt. Haben denn viele Menschen Zeitungen am ersten Neujahrstag gelesen?

Neben dem rubel existierte in der Hafenstadt ein Auslandswährungsmarkt, und obwohl formell der Dollar dem Rubell gleichwertig war, wurde es bei weitem nicht in dem von der sowjetischen Staatsbank festgelegten Kurs gewechselt. Nach der Wiedererlangung der Unabhängigkeit erfolgten in Litauen ein rapider Geldwertverfall und der Triumph des US-Dollars und der Deutschmarke, auf den die litauische Regierung mit der Einführung von vorübergehendem Zahlungsmittel – im Volksmunde „Vagnorken" (nach dem Namen des damaligen Premierministers) genannt – reagierte. Die Geldwechselstuben waren von Währungswechslern belagert, die nach Ausländern Ausschau hielten und die Polizei nach ihnen Ausschau hielt. Im Juli 1993 kam der Litas und machte die illegalen Geldwechslern arbeitslos.

In der Bier Kneipe

99 GESCHICHTEN DER STADT KLAIPĖDA

DIE BRAUEREI

Für die Römer galt Bier als Getränk der barbarischen Germanen, doch je weiter man Richtung Norden in die germanischen Landen reist, desto mehr dominiert die Bierkultur. Fünf Jahre nach der Schlacht bei Tannenberg, an der sich die Besatzung der Memelburg nicht beteiligte, wurde die erste Brauerei in Memel erwähnt. 1647 erhielten die Stadtbürger das Recht zum Bierbrauen. Im mittelalterlichen Memel war Wein eine Seltenheit sowohl auf dem Tisch der Komturei als auch der wohlhabenden Bürger. Meistens wurde Bier und Honigtrank getrunken. Schnaps, der nach dem Zweiten Weltkrieg so populär wurde, war nicht bekannt. Die Aktien-Brauerei, die Klaipėdas Biermachern Berühmtheit erlangte, entstand 1784, als der Kaufmann Johann Wilhelm Reincke zusammen mit seinem Bruder Friedrich Wilhelm eine Brauerei gründeten. Reinckes Brauerei, die sich zum litauischen „Švyturys" („Leuchtturm") entwickelte, ist die älteste noch in Betrieb befindliche Brauerei Litauens.

Die im Zweiten Weltkrieg zerstörte Brauerei wurde als eines der ersten Gebäuden in der Stadt wiedererrichtet. Damals mangelte es an Verpackung, so wurde das Bier nicht in die Flaschen, sondern in Fässer abgefüllt und zu Gaststätten transportiert. Später erschienen auf den Strassen der Stadt grosse gelbe Bierfässer zum Ausschenken. 1950 wurde im Unternehmen die Flaschenabfüllinie eingerichtet, und zehn Jahre später schufen die Bierbrauer Klaipėdas das Rezept des in der Sowjetzeit beliebten Biers „Baltija" („Ostsee"). Nach der Wiedererlangung der Unabhängigkeit vervollstaendigte die Brauerei „Švyturys" seine Auszeichnungskollektion mit Silber- und Goldmedaillen der Bierweltmeisterschaft und des Weltbierpokals. Allerdings hat sich der Begründer der ersten Brauerei Reincke nicht nur als Bierbrauer für die Stadt verdient gemacht. 1859 initiierte er die Granitplattenherstellungs- und Pflasterungsarbeiten für Bürgersteige. Er konnte die Hausbesitzer zur Beteiligung an dieser Arbeit überzeugen, deren Ergebnisse wir heute noch sehen. Auch die Wohltätigkeitstradition war ihm nicht fremd: mit seinem Testament hat der berühmte Bierbrauer 3 000 Taler für den Sudermannsverein zur Unterstützung von hungernden und kranken Frauen vermocht.

Im Fischereihafen

99 GESCHICHTEN DER STADT KLAIPĖDA

SCHIFFE HABEN IHRE SCHICKSALE

Das römische Sprichwort besagt, dass Bücher ihre eigenen Schicksale haben. Die Schiffe ebenso, sei es hinzugefügt. Nicht viele davon haben die Ehre als Museumsexponaten weiterzuleben, wie „Meridianas" oder „Dubingiai". Der grosse Teile der Meeresveterane, die ihren Dienst ehrenvoll abgeleistet haben, werden als Metallschrott zerschnitten, die anderen aber harren ihrem Ende auf dem Meeresgrund. Entweder fuhren sie auf eine Mine wie der litauische Vorkriegsdampfer „Kaunas" oder wurden von einem Orkan auf dem Pazifischen Ozean verschluckt, wie „Linkuva". Niemand weiss, in welchen Meeren das vom Kapitän Liudvikas Stulpinas geführte Schiff „Birma" ruht, das nur einige Stunden zu spät der versinkenden „Titanic" zur Hilfe kam.

Die Quellen berichten, dass das erste Schiff in Memel 1541 vom Holländer Jan Jacobson gebaut wurde. In Memel begann die Geschichte des Schiffsbaus, und Ende des 17. Jahrhunderts bauten die aus Holland stammenden Memeler Kaufleute Moses Jacobson de Jong und Jacob de Jong ein Segelschiff, das sie mit dem Namen der Stadt tauften. Später führ das von Peter Meyer gekaufte Segelschiff unter dem Namen „Memel". Ende des 20. Jahrhunderts wurde die in Deutschland gebaute Fähre „Klaipėda" zu einer der grössten Eisenbahnfähren der Welt.

So hat es sich ergeben, dass der Handel über den Memeler Hafen insbesondere in der Zeit internationaler Konflikte einen Aufschwung nahm. Während des Krimkrieges, als Engländer die Blokade über die russischen Häfen des Schwarzen Meeres verhängten, musste der Handel durch die Ostseehäfen umgeleitet werden. 1854 lief in den Hafen von Memel eine Rekordzahl der Schiffe ein – 1 722 Segelschiffe und 39 Dampfschiffe, die 953 000 Tonnen Güter transportierten. In der Zwischenkriegszeit hat Litauen seine eigene Flotte zusammengetragen, die sich in den Wirren des Krieges und der Okkupation verstreute.

Nach dem Zweiten Weltkrieg hat sich die Schifffahrtsgeschichte am 20. Oktober 1945 erneuert, als der finnische Dampfer „Astoria" von Archangelsk kam. In der Sowjetzeit haben die Klaipedaer erfolgreich Fischereischiffe und schwimmende Basis gebaut, deren Kapazitäten für den Bedarf der Sowjetunion bestimmt waren. Als eine der bedeutendsten Daten für die Schifffahrt galt das Jahr 1969, wenn die Litauische Seereederei gegründet wurde, die sich aus dem Handelshafen Klaipėda, der Transportflotte, dem Schiffsreparaturwerk und der Seehandelsagentur zusammensetzte. 1969 besass die Handelsflotte 16 Schiffe, 1974 schon 34 Transportschiffe. Im Oktober 1986 wurde der internationale Fährhafen eröffnet, mit dem der sowjetische Militärtransit in die DDR durch Vermeidung des mit „Solidarnosc" wogenden Polen gesichert werden sollte. Die grossen Seefähren, die majestätisch den Hafen ein- und auslaufen, erregen den berechtigten Stolz auf die Fortsetzung der maritimen Tradition Litauens.

Die Rückkehr „Ännchens von Tharau", 1989

DER KAMPF GEGEN DENKMÄLER

1896 wurde in Klaipėda am Eingang der Lindenstrasse, damals Alexanderstrasse genannt, das Denkmal für den Kaiser Wilhelm I. errichtet. 1907 wurde anlässlich des 100. Jahrestages der Erhebung gegen Napoleon das *Nationaldenkmal Borussia* enthüllt. An den Einweihungsfeierlichkeiten nahm der deutsche Kaiser Wilhelm II. teil. Heute befindet sich an dieser Stelle die unpersonifizierte Fischerstatue. 1912 wurde die zum Symbol Klaipėdas gewordene Ähnnchen von Tharau-Statü errichtet, die dem in Klaipėda geborenen Dichter Simon Dach gewidmet war. Die Borussia und das Kaiser Wilhelm-Denkmal wurden im Frühjahr 1924 gestürzt und erhoben sich wieder nach der Machtergreifung durch Nazis. Nochmals fiel die Borussia schon während des Komunistenregimes am 9. Mai 1945 *„als Symbol der langjährigen Herrschaft der deutschen Eroberer in östlichen Ländern".*

Mit den Sowjets kamen auch neue Symbole. Auf dem Schornstein der Papierfabrik strahlte ein übergroßer Stern. Der Reisende wurde auf dem Vorplatz des Bahnhofs von der zementenen Leninstatü empfangen, deren Hand in Richtung Stadt zeigte. Auf dem Libauer Platz stand das Denkmal für die Rote Armee: ein Panzergeschütz. An seiner Stelle befindet sich heute das Denkmal für Mažvydas, Verfasser des ersten litauischen Buches. Im Gärtchen der Papierfabrik in Schmelz (Smeltė) stand ebenfalls eine gigantische Stalin-Statue. Nach der grossen Anti-Stalin-Rede von Chruschtschow 1956 befahlen die Sicherheitsbeamten den in der nahen Baracke untergebrachten Bewohnern, die Fenster abzudunkeln, und die Arbeiter, die 100 Rubel Bonus pro Person erhielten, trugen Stalins Götzen ab.

Auf dem zerstörten Stadtfriedhof war das 1925 errichtete Denkmal für die Aufständischen von 1923 wie durch ein Wunder erhalten geblieben. Es war aus einem Grenzpfahl des Kaiserreiches hergestellt, das bei Nemirstea (Nimmersatt) stand. Das Denkmal wurde durch die Befürwortung der Heimatkundlern Klaipėdas gerettet, doch vermutlich half auch der Umstand, dass der litauische Aufstand als „gegen die Deutschen gerichtet" dargestellt wurde.

1975 erhob sich in Klaipėda das Memorial für die in Kämpfen um Klaipėda gefallenen sowjetischen Soldaten. 1976 wurde das Lenin-Denkmal errichtet und während der Unabhängigkeitsbewegung gestürzt. In den Jahren der Wiedererlangung der Unabhängigkeit wurde auf Initiative des deutschen Staatsbürgers Heinz Radzwill die Statü *Ännchens von Tharau* auf dem Theaterplatz wieder errichtet. Im Herbst 1989 wehten während der Denkmaleinweihung auf dem Theaterplatz nicht nur die Fahnen der Republik Litauen und Klein-Litauens, sondern auch die Flagge der Bundesrepublik Deutschland. Obwohl manche Stimmen behaupteten, dass die Wiederherstellung des Ähnnchen von Tharau-Denkmals als Zeichen der „Regermanisierung des Gebietes" und Demonstrierung der deutschen Identität zu sehen sind, wurde es von den Stadteinwohnern herzlich empfangen. Heute ist dieser Winkel der Altstadt ohne das Ähnnchen-Symbol nicht mehr vorstellbar.

Das erste Meeresfest

DAS MEERESFEST

Oftmals stellt das Meeresfest sowohl Neujahr als auch Weihnachten in den Schatten. Einmal im Jahr tauchen die Stadtbürger in den überschäumenden Jubelkarneval ein, in dem sich soziale, politische oder kulturelle Unterschiede auflösen. Und alles begann am 11. August 1934. Die Veranstaltung war der Popularisierung des Meeres, der Bekanntschaft mit der litauischen Flotte und der Vorstellung Klaipėdas Litauen gewidmet. An jenen Tagen wimmelten die Strassen der Stadt von Besuchern, Schiffe und Yachten füllten die Ufer der Dange, auf den Fähren setzten etwa 40 000 Menschen allein nach Sandkrug über. Es war mehr Gäste angekommen als es in der Stadt Einwohner gab, deshalb übernachteten manche unter freiem Himmel auf den Dünen. Gut, dass damals schönes Wetter herrschte. Dies erleichterte auch eine reibungsfreie Durchführung der Festlichkeiten. Mit der Kranzniederlassung wurde jenen auf See Gebliebenen gedacht und, wie auch heutzutage, das Andenken an die Aufständischen von 1923 auf dem Friedhof geehrt. Darüber hinaus fand ein feierlicher Aufzug mit Fackeln durch die Strassen statt. Fünf Jahre später, 1939, gehörte Klaipėda schon den Nazis, deshalb wurde die Meeresfestwoche in Šventoji und Kaunas bescheiden gefeiert.

Ende Juli 1963 hat die Marineflotte der UdSSR ihren Gedenktag in Klaipėda abgehalten. Aus Kaliningrad gekommene Militärschiffe und U-Boote demonstrierten ihre Kraft, aus den Flugzeugen sprangen Fallschirmjäger ins Haff, ein Ruderwettbewerb der Seeleute, Konzerte und Sportveranstaltungen fanden im Stadion „Žalgiris" statt. Der Anblick der Marinetechnik war beeindruckend, ausserdem sehnten sich die Klaipedaer nach Massenveranstaltungen.

Dieses Ereignis hat den Anstoss für die jährliche Organisierung des Fischertages, der sich zum Meeresfest verwandelte, gegeben. Allmählich wurden die militaristischen Akzente durch friedlichere verdrängt: der zum Fest einladende Neptun, der karnevalische Aufzug durch die Strassen der Stadt, die Enthüllung der Skulpturen, Handwerkermärkte, einzigartige Dekorationen. Obwohl manchmal Stimmen erklingen, dass die kulturellen Ideen des Meeresfestes von Traditionen des Biertrinkens überschattet werden, wird man ohne sie doch nicht auskommen. Klaipėda ist die Stadt mit dem ersten Brauhaus und der ersten industriellen Bierbrauerei in Litauen.

Klaipėdas Fussball-Club „Granit"

DER FUSSBALL

Das von Briten erfundene Spiel gelangte nach Deutschland in den Jahren des Ersten Weltkrieges, als die Soldaten in den Pausen zwischen den Schlachten miteinander spielten. Doch die Errungenschaften des Vorkriegsdeutschland waren dürftig Noch geringer waren die Erfolge der litauischen Mannschaft. Immerhin diktierten litauische und deutsche Teams Fussballmoden in Klaipėda, in dem 1925 hinter Bommelsvitte gebauten Stadion.

1945 wurde in Klaipėda die „Audros komanda" („Sturm-Mannschaft") zusammengestellt, die an der Stadtmeisterschaft teilnahm. Die Mannschaft wechselte ihre Namen – „Švyturys", „Žalgiris", „Trinyčiai", „Baltija", bis 1962 das Bautrest Klaipėda mit der Unterstützung des städtischen Teams, das sich „Granitas" nannte, begann. In der Sowjetunion wurde das Sport nicht als eine professionelle Beschäftigung betrachtet, also kickten die Spieler das Ball und wurden gleichzeitig als Arbeiter „eingestellt". In einigen Jahren nahm „Granitas" mit Unterstützung einer Tausendmenge in Klaipėda die erste Stelle in der Meisterschaft Klasse „B" ein, und den Spielern wurden die Titel der Sportmeister der UdSSR verliehen. Seit 1970 sponserte die Fischereiflotte das Team, und die ruhmreiche Zeit des „Atlantas" in der zweiten Fussball-Liga der UdSSR begann. Die Fussballspiele in der Stadt zogen tausende Menschen an. Volle Busse aus Gargždai, Šilutė, Palanga fuhren zum Stadion, das zwölf tausend Zuschauer aufnehmen konnte. Auf dem Hof des Stadions kitzelte der Schaschlikduft die Nase, in langen Warteschlangen drängelten sich die Fans um Eintrittskarten, die Kinder warteten aufgeregt auf den Bus mit den Fussballspielern, und die Männer tranken Bier oder liessen zum Aufwärmen eine Flasche stärkeren Getränks durch die Hände wandern, die gleich dort unter die Bank fiel...

1985 stiess „Atlantas" in die erste Liga der UdSSR-Meisterschaft vor und fiel im nächsten Jahr heraus.

Mitte der neunziger Jahre verwandelten sich die Stadien der Sowjetunion in Arenen der politischen Kämpfe. Die nationalen Stimmungen der Fans von „Žalgiris" Vilnius waren ausgeprägter, doch auch in der Sportininkų Strasse, die aus dem Stadion führte, kam es zu Manifestationen der Fans. 1990 lehnten litauische Teams die Beteiligung an den Meisterschaften der UdSSR ab, und im gleichen Jahr stellte die Fischereiflotte die Unterstützung für den Club „Atlantas" ein. Doch das wichtigste Team der Stadt schwomm in tiefere Gewässer hinaus und beggnete den Teams, die auf dem Stadion Klaipėda niemand zu sehen träumte: Moskauer „Spartak" und „FC Bradford City".

Ehrenbürger der Stadt Alfonsas Žalys

ŽALYS-ÄRA: FESTIGUNG DES LITAUERTUMS

Im März 1969 wurde Alfonsas Žalys (1929–2006) zum Vorsitzenden des Exekutivkomitees Klaipėda. Mit seinem Namen wird der in den 80-er Jahren aufgetretene Prozess der kulturellen Modernisierung der Stadt in Zusammenhang gebracht. Die Stadtoberhäupte Klaipėdas, die den Verhaltensprinzipien der kommunistischen Nomenklatur treu blieben, beweisen sich als Patrioten der Stadt und des Litauertums, nicht als gehorsame „Schrauben" des Systems.

Wodurch zeichnete sich die „Žalys-Ära" in Klaipėda aus? Obwohl das Wohnungsproblem in der Stadt nicht gelöst war (in der Reihe der Wohnungszuteilung standen Ende der 70-er Jahre mehr als 40 Tausend Menschen), haben sich die Lebensverhältnisse der Stadtbewohner während der „Žalys-Ära" im Vergleich mit früheren Jahrzehnten verbessert. Auf Initiative von Žalys und seiner Mitstreiter sowie der Patrioten Klaipėdas – Restauratoren, Architekten, Museumsmitarbeiter – wurde mit der Restaurierung von Fachwerk- und Maürhäusern des 18.–19. Jahrhunderts, Speichern, des neogotischen Postamtes, der mit Granitplatten ausgelegten ehemaligen Friedrich-Wilhelm- und Marktstrasse begonnen. 1983 wurde die Sanierung des neoklassizistischen Dramatheaters eingeleitet. Der Bau mancher Kulturobjekte und Restaurierung der Altstadthäuser wurde unter den Bezeichnungen „Lagerräume" und „Anbauten" getarnt, weil Moskau keine zusätzliche Finanzierung für den Bau solcher Objekte bewilligte. Um Mittel für die Rekonstruktion des Dramatheaters Klaipėda zu erhalten, erfasste die Stadtverwaltung die Bauärbeiten als Grundrenovierung. Die Einrichtung des Delfinariums im Meresmuseum wurde als Bau zusätzlicher Schwimmbecken präsentiert...

1970 wurde das im Krieg zerstörte Viertel der Dampferanlegestelle und der Börse an der Dange instand gesetzt, neue Bäume gepflanzt, Uferpromenaden gepflastert und Grünanlagen eingerichtet. Man nannte Klaipėda die sauberste Stadt Litauens. Neue kulturelle Anziehungspunkte – die 1971 gegründete Gemäldegalerie, das 1979 eröffnete Meeresmuseum- und Aquarium und in einigen Jahren darauffolgende Uhrenmuseum hoben Klaipėda unter anderen Städten hervor.

„Mein Gewissen ist wegen der Arbeit in Klaipėda ruhig. Ich denke, dass ich alles getan habe, damit Kultur, Bildung und Wissenschaft hier aufblühen – alles, was man zur Festigung des Litauertums in Klaipėda braucht", schilderte der Ehrenbürger der Stadt Alfonsas Žalys sein Wirken.

Licht und schön

DIE UNABHÄNGIGKEITSBEWEGUNG

Die Ideen der nationalen Wiedergeburt entfalteten sich in Klaipėda schwächer als in der Hauptstadt Vilnius. In der Stadt lebte eine zahlreiche russischsprachige Gemeinde, die in Hafenbetrieben und Seefahrtorganisationen überwiegte. Die Haltung der Klaipedaer Intelligenz, die keine langjährigen Verbindungen der gegenseitigen Kommunikation besass, war etwas apssiv. Es gab hier keine historische Wurzeln, keine tiefere intellektülle Tradition wie in Vilnius, es gab auch keine nationale Widerstandskraft wie in Kaunas.

Die Ideen der Unabhängigkeitsrevolution kamen nach Klaipėda aus Vilnius, wo im Juni 1988 die Bewegung zur Umgestaltung Litauens gegründet wurde. Zunächste verfolgte sie das Ziel, die Reformen Gorbatschows zu unterstützen, allerdings begann seit 1989 die Orientierung auf die Unabhängigkeit Litauens offen zu deklarieren. In Klaipėda wurde die Unterstützungsgruppe des „Sąjūdis" im Juli 1988 gegründet, und bereits während des Meeresfestes wehte in der Stadt zum ersten Mal die dreifarbige Nationalfahne.

Am 20. August 1988 am fand vor dem Zellulose- und Papierfabrik das erste Massenmeeting der Stadtbewohner statt, auf dem über Umweltprobleme der Stadt und den Zugang der Bevölkerung zum Haff, das von den Hafenunternehmen versperrt ist, gesprochen wurde. Am 3. September 1988 beteiligte sich das ganze Litauen an der Ostseeumarmungsaktion, zu deren Leitmotiv das bisher ungelöste Problem der Ostseeverschmutzung wurde. Damals haben sich an der litauischen Küste ungefähr 100 000 Menschen versammelt. Die hundert tausenden Menschen zählenden Meetings waren damals keine Seltenheit. Merkwürdig würde eine Demonstration mit weniger als zehn Tausend Teilnehmern ausgesehen haben.

Auf den Photographien der damaligen Zeit sind klargesichtige und schöne Menschen festgehalten. Am 20. Oktober 1988 warteten die Mengen auf die Hissung der Nationalfahne auf dem Turm des Musiktheaters. Ruhig, bestimmt, aufopfernd. Wie Prags Bewohner beim „Prager Frühling" 1968. Offenbar versetzt die Notwendigkeit der existenziellen Entscheidung die besten und engagiertesten Personen an die Oberfläche, die zur Selbstaufgebung im Namen der höheren Ideale bereit sind. Derartige revolutionäre Ereignisse klären die Gesichter und erquicken die Seelen. Die Fahne, die an die Jahre des revolutionären Umbruchs in Klaipėda erinnert, flattert immern noch über dem Musiktheater.

Universität anstelle der Kasernen

ALMA MATER

1904–1907 wurde ausserhalb der damaligen Stadtgrenzen die neogotische Kasernenanlage in klassizistischer Verteilung errichtet und von der Garnisonbesatzung Klaipėdas bezogen. Nachdem die Deutschen Klaipėda verlassen hatten, liess sich 1920 das Regiment der französischen Alpenschützen in den Kasernen nieder. Es räumte die Kasernen 1923 und wurde durch Soldaten des VII. Litauischen Regiments „Fürst Butigeidis" ersetzt. 1930 pflanzten litauische Soldaten auf dem Kasernenhof eine Eiche zur Erinnerung an Vytautas den Grossen, die später von Deutschen nach dem *Anschluss* Klaipėdas 1939 herausgerissen wurde. Nach dem Zweiten Weltkrieg richteten sich in diesen Kasernen Sowjettruppen ein, die das Territorium Litauens und die Kasernen von Klaipėda im September 1993 verliessen.

Am 5. Januar 1990 wurde auf Beschluss des Obersten Rates der Republik Litauen die Universität Klaipėda auf der Grundlage der in Klaipėda vorhandenen Hochschulen und Zweigstellen von wissenschaftlichen Einrichtungen gegründet, es mussten aber noch einige Jahre vergehen, bis in die vom litauischen Militär diesmal beanspruchten Kasernen die Abteilungen der Universität Klaipėda einziehen konnten.

Im Gegensatz zu Vilnius, wo seit dem 16. Jahrhundert die Universitätstradition existierte, und Kaunas, wo in der Zwischenkriegszeit die Vytautas-Magnus-Universität und in der Sowjetzeit spezialisierte Hochschulen gegründet wurden, mussten die Institutionen der Hochbildung in Klaipėda *ex nihil* geschaffen werden. Der technisch progressierenden Stadt mangelte es an „Städtlichkeit", die von einer sich im Intellektuellen Wirkungsraum der kulturellen und geisteswissenschaftlichen Werten entfaltenden Schicht gebildet wird. Das vor dem Krieg gegründete Handelsinstitut musste nach Šiauliai umziehen. 1956, als das Lehrerinstitut geschlossen wurde, begann die Stadt sich in eine von Arbeitern und Seeleuten dominierte Provinz zu verwandeln. Lange Zeit blieb die 1959 gegründete Filiale des Polytechnischen Instituts Kaunas die einzige Hochschuleinrichtung, die den wirtschaftswissenschaftlichen Bedarf der Stadt deckte. Erst in den Jahren der „Žalys-Ära" entstanden in Klaipėda die Fakultäten des Pädagogischen Instituts Šiauliai und des Staatlichen Konservatoriums der Litauischen SSR. In der Sowjetunion existierte eine ungeschriebene Regel, dass eine Satellitenrepublik nur über eine Universität verfügen dürfte. Wenn es keine Universität in Kaunas geben konnte, dann konnte es von Klaipėda sicher keine Rede sein. 1989 kamen Klaipėdas Intellektuellen, Wissenschaftler und Lehrer, unterstützt von lokalen Politikern, mit der Iddee zur Gründung der Universität Klaipėda auf.

Die Universität Klaipėda erfüllt heute ihre Mission, die vom bekannten litauischen Semiotiker Algirdas Julius Greimas erfasst wurde: er sagte, dass die Spezialisierung der Universitatet Klaipėda in der Repräsentation der baltischen Region liegt. Die Ostsee stellt den Areal der gemeinsamen Kultur dar, so spielen die Forschungen und Studien dieser Kultur eine wichtige Rolle für das gegenseitige Verständnis und die Zusammenarbeit in der Ostseeregion.

Professor an der Universität Yale (USA), Tomas Venclova

TOMAS VENCLOVA

Der Dichter und Essayist Tomas Venclova schreibt zumeist über Vilnius, dessen „Schicksal verwickelter und seltsamer ist als das der anderen Hauptstädte des Ostseeraumes, das Unvollendheit, Risiko und Offenheit verkörpert, das ein ewiges Grenzland und Randgebiet ist." Er ist dennoch am 11. September 1937 in Klaipėda, in der Familie des Lehrers am Vytautas-Magnus-Gymnasium, später des Sowjetschriftstellers und Politikers Antanas Venclova geboren. Nach dem Einzug der Nazis mussten sie wie auch andere litauische Intellektuellenfamilien Klaipėda verlassen. 1976 wurde Tomas Venclova Mitglied der litauischen Helsinki-Gruppe und war durch Regierungsdruck gezwungen, nach Amerika zu emigrieren, wo er nach einiger Zeit Professor der slawischen Literatur an der Universität Yale in New Haven wurde. Tomas Venclova ist wohl der bekannteste in Klaipėda geborene litauische Dichter, der von der Widerstandsfähigkeit des litauischen Volkes bei den Härteproben der Geschichte spricht, wenn sowohl Vilnius als auch Klaipėda demographisch wieder erkämpft wurden. Die Bilder Klaipėdas spiegeln sich suggestiv in seinem Schaffen wider: „Wie auf dem Foto, geräumig und unsicher / der Himmel hebt sich von den Dächern ab, / die weissliche Pest der Stadt aufgesaugt / der frühe Frost durchzieht die Wörter, / brennend Mund und Lungen im Imperium, / am verschlossenen Haff". Beim Besuch der Stadt anlässlich ihres 750-jährigen Jubiläums gab der Dichter zu, dass er sich über seine Rückkehr ins heimatliche Klaipėda besonders freut: *„Bekanntlich wurde die Stadt vor 750 Jahren vom Kreuzritterorden gegründet, der hier eine Burg errichtete. Der Kreuzritterorden existiert heute noch. Ich habe den Ordenssitz in Wien besucht. Dort gehören dem Orden ein kleine Kirche und ein kleines Museum, durch das mich ein echter Kreuzritter mit Pfeiffe und weissem Mantel führte. Er zeigte alte Karten, auf denen ich auch Klaipėda sah. Ich kann mich an meinen schadenfreudigen Gedanken erinnern, dass wir diesen mächtigen Monster damals niedergeschlagen haben, und lediglich die kleine Kirche und das Museum davon übrig geblieben sind. Litauen war dabei heil geblieben. Beim spaziergang durch die Hafenstadt sah ich, wie sich sich verändert hat, wieviele schöne neue und restaurierte Häuser es gibt.*

Ich habe gehört, dass der Hochmeister des Kreuzritterordens zu den Jubiläumsfeierlichkeiten nach Klaipėda wie ein Vasall kommt, um Respekt dem Land zu zollen, das seine Vorfahren besiegte."

Die Ieva-Simonaitytė-Bibliothek zog in das Haus des Holzkaufmanns Hermann Gerlach ein

DIE BIBLIOTHEK

Der Roman „Name der Rose" von Umberto Ecco endet mit einem riesigen Klosterbrand, der in der Bibliothek auflöderte. In Klaipėda mangelte es nie an Bränden und Bibliothekzerstörungen, sowohl im direkten als auch im übertragenen Sinne. 1936 ging die Bibliothek des Pädagogischen Instituts in Flammen auf. Vermutlicherweise wurde es in diesen Jahren der nationalistischen Spannung aus politischen Gründen angezündet. In Nazi-Deutschland wurden Bücher der ideologisch „schadhaften" Autoren verbrannt. In Klaipėda kam es nie dazu, aber nach 1939 begann man mit der Reinigung der Bibliotheksbestände der Stadt. Etwa 7 000 Bände wurden entfernt, darunter die Werke von Erich Maria Remarqü, Thomas Mann, Arnold Zweig.

In den Autonomiejahren standen die Büchereien „Aukuras" und „Sandora", die Bibliotheken der Handelsschule und des Pädagogischen Instituts, der Aktiengesellschaft „Maistas", der Litauischen Eisenbahn und des Vytautas-Magnus-Gymnasiums litauischen Lesern zur Verfügung. Während der Hitlerszeit wurden die litauischen Bücher aus diesen Bibliotheken nach Šiauliai, Panevėžys, Kaunas überbracht... Als die Front näher rückte, haben die Deutschen wertvolle Bücher und das Stadtarchiv nach Deutschland ausgeführt. In den Nachkriegsruinen Klaipėdas flogen Reste von verbrannten deutschen Büchern herum. Es mangelte an Papier, so benutzten die Kinder saubere Seiten der Druckerzeugnisse als Hefte. Die Bücherbestände mussten nach dem Krieg erneut zusammen getragen werden. Das, was ein Bewohner von Vilnius und Kaunas in Stadtbibliotheken mühelos finden konnte, war für Klaipedaer eine unikale Rarität. Vielleicht deshalb lernte man, jedes Buch zu schätzen?

Die ersten Bibliotheken der Kaufleute, Kirchen und Schulen in Klaipėda waren privat. 1920 wurde eine öffentliche Bibliothek eröffnet, die nach 16 Jahren in das schmukke Neorenaissance-Haus des Holzkaufmanns Hermann Gerlach umzog und heute unter dem Namen Ieva-Simonaitytė-Bibliothek in den gleichen Wänden fortlebt. Die Bibliothek, in der die Sammlung des Memeler Historikers Johannes Sembritzki zusammengestellt war, enthielt bis zum Zweiten Weltkrieg nur wenige litauische Bücher und zeichnete sich durch politische Orientierung des Deutschtumpropagandas aus.

Nach dem Krieg, 1945, verkümmerte die Bibliothek in zwei Räumen, und der Lesesaal mit zugenagelten Fenstern stand in seiner Beliebtheit dem Kino hoffnungslos nach, das zum Mittelpunkt der kulturellen Sozialisierung im Nachkriegsklaipeda wurde. Die kein Deutsch beherrschenden Bibliotheksmitarbeiter sammelten in der Stadt erhalten gebliebene Bücher. Die Sowjetregierung stellte ideologische geeignete Bücherfonds zusammen, wobei in die Verzeichnisse der „faschistischen" Literatur alle im unabhängigen Litauen (1918–1940) erschienenen Bucher eingetragen wurden. Nach der Fertigstellung des neuen Bibliothekflügels wurde die öffentliche Ieva-Simonaitytė-Bibliothek zum wichtigen kulturellen Anziehungspunkt, und die Kinos dagegen, die jemals die Zuschauermengen kaum beherbergen konnten, verwandelten sich in Anbieter der billigen Kommerzprodukte.

Vytautas Grubliauskas und Eric Marienthal

KONG'S JAZZ

Den Spitznamen „Kong" hat sich Vytautas Grubliauskas vor etwa dreissig Jahren nach dem Erscheinen des populären amerikanischen Films „King Kong" wegen seines korpulenten Körperbaus, dichter Backenbarten und *„jazzigen"* Schnurrbarts eingehandelt. Der Spitzname klebte schnell fest, und das Profil des Festival-Producers und Trompeters Vytautas Grubliauskas wurde zum Logo des Burg-Jazzfestivals. Klaipėda ist eine jazzige, swingende Stadt, die die jazztypische Lebensbejahung und spontane Freudenstimmung ausstrahlt. Das kulturelle Leben der Stadt, die schon mehrere Jahre als *New Orleans* Litauens firmiert, wird immer mehr mit den jährlichen Jazzfestivalen identifiziert, bei denen solche Weltstars wie der Trompeter *Maynard Ferguson*, Drummer *Billy Cobham*, Virtuose der Mundharmonika, Maestro *Toots Thielemans*, Saxophonspieler *Maceo Parker* oder Pianist *Joe Sample* auftreten und tausende Jazz-Fans aus Litauen und der ganzen Welt hierherlocken.

Vor siebzig Jahren ertönten in Klaipėda die Klänge der ersten Jazz-Bands und jazzierenden Orchestren, in Klaipėda entstanden die liebhaberisch swingenden Musikgruppen. Die Geschichte des burg-Jazzfestivals begann 1994 auf dem gemütlichen Innenhof des Uhrenmuseums, und seit 200 zogen die Konzerte auf den geräumigeren Theaterplatz um, doch das Hauptmotto des Festivals „Gute Musik für gute Menschen" bleibt unverändert.

Klaipėda ist die einzige Stadt in Litauen, wo jeden Abend Jazz oder ähnliche Musik live gespielt wird.

Das Publikum in Klaipėda ist besonders – wie die Stadt selbst, ausgesprochen tolerant, empfindsam, warm und gleichzeitig anspruchsvoll, weil es mit kostenlosen Konzerten der weltberühmten Musiker verwöhnt ist. Das Festival ist demokratisch, zugänglich für alle, unabhängig von der materiellen Situation, Kleidungsstil, *dress code* und Manieren, und stellt nach dem Effizienzgrad der Jazz-Propaganda eine phänomenale Erscheinung nicht nur in Litauen dar. Wo anders kann man in der Welt einen Ort finden, in dem die swingende, wogende und mit Jazz rauschende Menge drei Tage und drei Nächte kostenlos auf der phantastischen Fiesta von Jazz und *world music* tobt. Nicht das Festival lebt in der Stadt, sondern umgekehrt – die Stadt im Festival.

Auf dem Gastspiel

DAS THEATER

In der Autonomiezeit (1924–1939) existierte in Klaipėda ein leistungsstarker litauischer Chor. Der Komponist Jeronimas Kačinskas führte Opern auf, in denen der litauische Star Kipras Petrauskas und der grosse russische Bassist Fjodor Schaljapin sangen. Im Kampf um Klaipėda war die litauische Regierung angestrebt, ihren Einfluss auch durch die Festigung der kulturellen Identität zu vergrössern. 1935 wurde das Dramatheater von Šiauliai nach Klaipėda verlegt und musste nach der deutschen Besetzung Klaipėdas zurückkehren. Vor dem Krieg war das litauische Publikum auf Theateraufführung wenig vertreten. Lediglich 300–400 litauische Stadteinwohner zählten zu ständigen Besuchern des Dramatheaters. Die anderen waren vermutlich mit pragmatischeren Sachen beschäftigt. Nach Kriegsende wurde 1945 das Musikkomödientheater gegründet, das nur kurze Zeit bestand. Daraus wuchsen das Volksoperntheater, das nach der Unabhängigkeitsbewegung zum Musiktheater Klaipėda verwandelt wurde, und das Dramatheater hervor. Nach dem Krieg spielten in demselben Theatergebäude russische und litauische Truppen, vor dem Krieg – deutsche und litauische. Obwohl das Theatergebäude im Hintergrund der Ruinen beinahe ganz erhalten geblieben war, konnte man das Leben der zusammengereisten Schauspieler nicht als leicht bezeichnen: die Bezahlung war gering, die Wohnung bestand aus einem winzigen Zimmer. Später halfen nach sowjetischer Tradition die Betriebe – Brauerei, Fleischkombinat, fortschrittliche Kolchosen aus... Doch auf der Bühne verkörperten sich die Schauspieler in ihre Helden und vergassen die materiellen Knappheiten. Die im Laufe einiger Jahrzehnte von den Regisseuren des Dramatheaters R. Juknevičius, V. Limantas, V. Jasinskas, P. Gaidys ins Leben gerufenen Aufführungen mussten den Vorbildern des sozialistischen Realismus entsprechen, jedoch prägten sie ein theaterliebendes Publikum in der proletarischen Stadt.

In den 80-er Jahren des 20. Jahrhunderts hob die von Povilas Gaidys im Dramatheater Klaipėda aufgeführte „schillerische" Trilogie „Mindaugas", „Mažvydas" und „Katedra" den patriotischen Geist als es schien, dass das Volk in den Sumpf der Hoffnungslosigkeit und Passivität versunken war. Aus den Lippen des von Vytautas Paukštė gespielten Mažvydas gedrungene Wort „Lietuva" („Litauen") wurde einige Jahre spaeter, während der Unabhängigkeitsbewegung, zum nationalerweckenden Ruf. Bei einem weiteren von Povilas Gaidys aufgeführten Stück „Das Elefant" handelte es sich um ein subtile Parodie des kommunistischen Kolchosensystems, also daürte es nicht lange, bis das wachsame Auge der Kommunistenpartei aufmerksam wurde. Der Sekretär des Zentralkomitees der Kommunistenpartei Lionginas Šepetys, der für die Kultur zuständig war, schrieb damals über die „geschmacklose und tendenziöse Aufführung, die moralische und physische Werte des Menschen falsch widerspiegelt". Diesmal zeigten auch die Stadtoberhäupte Klaipėdas „Liberalität". Diese „Liberalität" und das Interesse für die Entwicklung der Stadtkultur war eine unikale Erscheinung unter anderen litauischen Städten. Aber auch die theatertradition der Stadt war einzigartig. Welch eine andere Stadt in Litauen kann stolz darauf sein, dass auf deren Bühne 1836 der grösste Musikreformator und Theoretiker des 19. Jahrhunderts Richard Wagner einige Opern dirigierte?

Das Kreuzfahrtschiff „Constallation" verlässt Klaipėda

WARUM KEINE HAUPTSTADT?

Die Geschichte verwandelt die Schicksale der Städte und ihrer Einwohner, doch die Geographie lässt sich nicht ändern – das Meer wird immer hier sein. Klaipėda, das am Zusammenfluss von Meer und Haff steht, nimmt eine Sonderstellung unter anderen Städten Litauens ein. Das von Deutschen gegründete Klaipėda wurde in die wirtschaftliche Zusammenarbeit zwischen der Ost- und Nordsee miteinbezogen. Es ist die älteste, sich auf dem litauischen Territorium befindende Stadt mit Selbstverwaltungsrechten, der 1258 das Lübische Recht verliehen wurde, und zugleich der einzige Meereshafen Litauens. Der litauische Staat, der ausser Klaipėda nur den kleinen Hafen von Šventoji besitzt, unterscheidet sich in dieser Hinsicht von anderen Ostseestaaten, in denen mehrere grössere oder kleiner Meereshäfen existieren. Klaipėda gewinnt also eine besondere Wertstellung für Litauen.

Historische Konfigurationen haben ebenfalls bewirkt, dass Litauen mit einer Hauptstadt am Meer nicht geglückt war. Der französische Historiker Fernand Braudel hob in seinem Buch *„Le Temps du Monde"* die Bedeutung der maritimen Hauptstädte für den Aufschwung der Staaten und deren Rückfall als Folge von politischen Entscheidungen hervor, die Hauptstädte auf das Festland zurück zu verlegen. China unterlag diesem Fehler im 16. Jahrhundert, wenn zur Verteidigung der Nordgrenzen die Hauptstadt von der Seeküste nach Peking verlegt wurde. Spanien transferierte seine Hauptstadt vom dynamischen Lissabon, dass es besetzt hielt, zurück ins leblose Madrid. Litauen erhielt die beinhä 100 km lange Seeküste und den Seehafen erst im 20. Jahrhundert, wenn unsere Nachbarn an der Ostsee schon tiefe maritime Traditionen besassen, und die grossen Nachbran imperialistische Plän schmiedeten. Jene Macht, die die Ostsee kontrolliert, wird Osteuropa kontrollieren, behaupteten deutsche Strategen. Die Sowjets hatten vor, die Ostsee „in das Meer der sozialistischen Revolution" zu verwandeln. In der Zwischenkriegszeit war der Staat nach dem Verlust von Vilnius innerhalb der Grenzen des „Litauen um Kaunas" unnatürlich verschlossen und betrachtete das Meer deshalb aus der Perspektive des Festlandes. 1930 schrieb der Geograph Kazys Pakštas in eher hoffnungslosen Tönen, *„dass die Minister der kontinentalen Hauptstadt die Hafenspezifik und die Aufgaben eines maritimen Staates verstehen wurden. Sieben Jahre lang wird die litauische Seeküste von Kaunas aus verwaltet, und es gibt weder eine Seefahrtschule noch nationale Flotte."*

Wir haben zwar eine Flotte und Ausbildungsinstitutionen für Seeleute, und der Hafen Klaipėda wetteifert im Verladevolumen mit solchen Häfen der *neuen Hanse* wie Riga, Tallinn oder Gdansk, doch die Frage, ob Litauen, dass ein grosszügiges Geschenk – Klaipėda – einst erhielt, heut sich als maritimer Staat versteht, bleibt unbeantwortet.

Herausforderungen gegenüber...

99 GESCHICHTEN DER STADT KLAIPĖDA

MARE BALTICUM – MARE NOSTRUM

Als Küste wird ein 15 km breites, an die See angrenzendes Territorium bezeichnet. Die litauische Küste umfasst die Kurische Nehrung, den sich bis auf das Memeldelta hinziehenden Haffstrand und die von der Ostsee umspülten Landstreifen. Die Natur hat sich wenig verändert: Meer, Haff, Sand. Lediglich die Städte an der Ostsee einschliesslich Klaipėda waren zahlreichen Wandlungen unterzogen, und man kann sich heute kaum vorstellen, dass vor 100 Jahren nicht Memel, sondern Tilsit oder Insterburg die bedeutendsten Städte in diesem Teil Ostpreussens waren.

Das Meer bringt neue Chancen. Die Ostseeregion stellt einen Begegnungsort dar, in dem Völker, Städte, soziale Gruppen und Individün ihre Interessen und Ideen austauschen. Wie in den Hansezeiten, noch vor der Entstehung der Nationalstaaten. Städte am Meer sind immer offen gegenüber neuer Herausforderungen. Die am Meer lebenden Völker sind in wirtschaftlicher und sozialer Hinsicht aktiver als diejenigen, die tief auf dem Festland angesiedelt sind. In den Zeiten der Grossfürsten Algirdas und Vytautas gründeten die Litauer, die sich auf die von der Küste weiter entfernten Gebiete orientierten, einen Staat „von Meer zu Meer", ignorierten aber die Ostseeküste. Laut des Vorkriegsgeographen Kazys Pakštas, die Ostsee spielte keine dominierende Rolle bei der Entstehung des litauischen Staates, und der Küstenstreifen war hier nicht genügend gewunden, weder mit Buchten zerritzt noch mit Inseln übersät. Der Staat entstand auf dem Festland, wodurch die Isolierung der Litauer von anderen Völker des Ostseeraumes sich vergrösserte. Nach dem Ersten Weltkrieg begannen die Litauer, sich an der Ostsee politisch zu festigen, und erst als Bestandteil Litauens hat Klaipėda eine besondere Stellung eingenommen. Während der deutschen Herrschaft war Klaipėda/Memel eine entlegene nördliche Stadt, bekannt durch den in ihren Mauern erlassenen preussischen Leibeigenschaftsedikt. Die Schweden, die Memel im 17. Jahrhundert kurz regierten, kümmerten sich nur um ihre Interessen. Die Russen haben im Siebenjährigen Krieg das Gebiet ausgebeutet und die Nehrungswälder kahl geschlagen. Die wahnsinnige Politik Hitlers bewirkte die Flucht der deutschen Ethnie von unserer Küste. Im Sowjetimperium fand Klaipėda als Hauptfischereihafen der Ostsee keine grössere Beachtung des Staates.

Was ist Klaipėda heute? Eine Stadt an der Ostsee, dem *Mare Nostrum*, gleich einem Schiff, das im Fahrwasser seinen Anker fest gelichtet hat, ihre Geschichte aus dem Nebel der Vergessenheit hervorsteigend, offen für Veränderungen und bereit zu neuen Herausforderungen.

UDK 947.45
Va286

ISBN 978-609-404-018-4

Vygantas Vareikis
99 Geschichten der Stadt Klaipėda. – Klaipėda: Druka, 2009. – 208 p., 99 iliustr.

Die historische Mosaik der Stadt wird aus bruchstückhaften Notizen und Alltagseinsichten zusammengefügt und mit Erinnerungen der Zeitgenossen, Postkarten, alten und gegenwärtigen Fotografien illustriert. Im Mittelpunkt stehen nicht die älteren Zeiten, sondern die Ereignisse des unruhigen 20. Jahrhunderts. Das Buch eignet sich für alle Geschichtsinteressierten.

Vygantas Vareikis
99 GESCHICHTEN DER STADT KLAIPĖDA

PHOTOS:
Bernardas Aleknavičius	92, 94, 128, 135, 142, 162, 164, 192
Archiv vom Egidijus Baranauskas	68, 74, 108, 110
Nerijus Jankauskas	200
Vytautas Karaciejus	18, 98, 156, 166
Archiv vom Klaipėda TIC	204
Archiv vom Seemuseum Litauens	100, 102, 156, 166
Archiv vom Historischen Kleinlitauen-Museum	22, 24, 52, 56, 62, 64, 66, 76, 80, 82, 84, 88, 90, 112, 116, 126, 130, 136, 138, 146, 148, 152, 160, 170, 178, 186, 188, 202
Ivan Milovidov	196
Archiv von Jovita Saulėnienė	172
Gytis Skudžinskas	10, 12, 20, 26, 42, 104, 120, 140, 174, 194, 198, 206
Albinas Stubra	132, 144, 150, 158, 176, 182, 190
Raimundas Urbonas	154, 180
Archiv vom Vygantas Vareikis	14, 16, 28, 30, 32, 34, 36, 38, 40, 44, 46, 48, 50, 54, 58, 60, 70, 72, 78, 86, 92, 94, 96, 106, 114, 118, 122, 124, 142, 162, 168, 184

REDAKTEURINNEN:
  Jovita Saulėnienė, Indrė Globienė
KORREKTUR
  Renata Martinėnaitė
GESTALTUNG
  Gytis Skudžinskas
ÜBERSETZUNGEN
  Rasa Krupavičiūtė-Tariq

Herausgegeben und gedruckt von der Verlagsgruppe „Druka"
Šilutės 79, Klaipėda
leidykla@druka.lt
www.druka.lt